羽翼六经　增光孔氏

册三

孟子·荀子

孟子　荀子　著

万卷出版公司

彭祖

据典籍记载，彭祖是颛顼的玄孙，相传他善于养生，活了八百多岁，经历唐虞夏商等朝，是我国养生学的始祖。

修身（承前卷）

原文

以善先人者谓之教，以善和人者谓之顺；以不善先人者谓之谄，以不善和人者谓之谀。是是、非非谓之知，非是、是非谓之愚。伤良曰谗，害良曰贼。是谓是、非谓非曰直。窃货曰盗，匿行曰诈，易言曰诞，趣舍无定谓之无常，保利弃义谓之至贼。多闻曰博，少闻曰浅。多见曰闲，少见曰陋。难进曰偍，易忘曰漏。少而理曰治，多而乱曰秏。

译文

用善良美好的言行来引导别人叫做教导，用善良美好的言行来协调人们之间的关系叫做顺应；用不好的言行来引导别人叫做谄媚，用不好的言行来协调人们之间关系叫做阿谀。以是为是、以非为非叫做明智，以是为非、以非为是叫做愚蠢。中伤贤良叫做谗毁，陷害贤良叫做残害。对就说对、错就说错叫做正直。偷窃财物叫做盗窃，隐瞒自己行为叫做欺诈，说话轻浮不诚实叫做荒诞，进取或退止没有个定规被叫做无常，为了保住自己的利益而背信弃义叫做奸邪。听到的东西多被叫做渊博，听到的东西少被叫做浅薄。见到的东西多叫做广博，见到的东西少叫做鄙陋。不易取得进展叫做迟缓，容易忘记叫做遗漏。措施不多而有条有理叫做治明，措施繁多而混乱没有条理叫做昏乱。

治气、养心之术：血气刚强，则柔之以调和；知虑渐深，则一之以易良；勇胆猛戾，则辅之以道顺；齐给便利，则节之以动止；狭隘褊小，则廓之以广大；卑湿重迟贪利，则抗之以高志；庸众驽散，则劫之以师友；怠慢僄弃，则炤之以祸灾；愚款端悫，则合之以礼乐，通之以思索。凡治气、养心之术，莫径由礼，莫要得师，莫神一好。夫是之谓治气、养心之术也。

译文

理气养心的方法是：对血气刚强的人，就用心平气和的做法来柔化他；对思想智虑过于深沉的人，就用坦率忠诚来感化他；对勇敢胆大凶猛暴戾的人，就用训诲的道理来引导他；对行为不够稳当慎重的人，就用安详的举止来节制他；对胸怀不够宽广、气量很小的人，就用宽宏大量的言语来开导他；对卑贱迟钝贪利的人，就用高远志向来激励他；对庸俗普通、才能低劣而又散漫的人，就让良师益友来改造他；对懈怠轻佻自暴自弃的人，就用将会导致的灾祸来昭示他；对愚钝诚恳端庄拘谨的人，就用礼乐来调和他，用思考探索来开导他。一般说来，大凡理气养心的方法，没有比遵循礼义这一途径更直接的了，没有比得到良师这一途径更重要的了，没有比爱好专一这一途径更能产生神妙的作用了。这就是理气养心的方法。

原文

志意修则骄富贵，道义重则轻王公；内省而外物轻矣。传①曰：『君子役物，小人役于物。』此之谓矣。

身劳而心安，为之；利少而义多，为之；事乱君而通，不如事穷君而顺焉。故良农不为水旱不耕，良贾不为折阅不市，士君子不为贫穷怠乎道。

注释

①传：这里指古书。

译文

志向美好远大就能傲视富贵，道义崇高就能藐视王公贵族；注重内心修养就会把身外万物看作微不足道的事物。古书上说：『君子可以支配外物，小人却被身外之物所役使。』就是说的这个道理啊。导致身体劳累而内心安定的事，就值得做；所得利益少而道义多的事，也值得做；侍奉昏庸的君主从而获得显贵，不如侍奉处境窘困的君主从而遵行道义。因此，好的农夫不会因为水灾旱灾就不耕种土地，好的商人不会因为亏损价贱而不做买卖，有操行和学问的人不会因为生活的贫穷困顿而懈怠道义。

原文

体恭敬而心忠信，术礼义而情爱人，横行天下，虽困四夷，人莫不贵；劳苦之事则争先，饶乐之事则能让，端悫诚信，拘守而详，横行天下，虽困四夷，人莫不任。体倨固而心势诈，术顺墨①而精杂污，横行天下，虽达四方，人莫不贱；劳苦之事则偷儒转脱，饶乐之事则佞兑而不曲，辟违而不悫，程役而不录，横行天下，虽达四方，人莫不弃。

注释

①顺墨：指慎到和墨子。慎到是战国中期赵国人，主张法治、势治，是一个由黄老学派演变而来的早

墨子

墨子，名墨翟，我国先秦墨家学派的创始人。墨子因其出身卑微，常被斥为卑贱之人，加上他的思想中有宣扬鬼神的成分，所以很多古代学者都对他的学说加以贬斥。

期法家人物。墨指墨翟。

行为恭敬而内心忠诚，遵循礼义而又有博爱的思想，这样的人如果遍走天下，即使困于四方边远的荒蛮之地，人们也无不尊重他们；遇上劳累辛苦的事就争着去做，遇上享乐的事却能谦让给别人，端庄谨慎忠诚厚道，严守礼法而明察事理，这样的人如果遍走天下，即使困于四方边远的荒蛮之地，人们也无不信任他们。行为傲慢固执而内心险恶诡诈，遵循慎到、墨翟的一套理论而思想驳杂污秽，这样的人如果遍走天下，即使显达于四方，人们也无不鄙视他们；遇上劳苦的事就偷懒逃脱，遇上享乐的事就施展快嘴利舌不顾一切地去争抢而不退缩，邪恶而不拘谨，贪求奢欲而不检束，这样的人如果遍走天下，即使显达于四方，人们也无不厌弃他们。

原文

行而供翼，非渍淖也；行而俯项，非击戾也；偶视而先俯，非恐惧也。然夫士欲独修其身，不以得罪于此俗之人也。

译文

走路的时候小心恭敬，不是害怕沾染污泥；走路时低下头，不是腰背累弯了；与别人对视而先把头低下，不是害怕对方。这样看来，那些读书人只是想独自修养身心，而不是去得罪这些世俗的人们。

原文

夫骥一日而千里，驽马十驾则亦及之矣。将以穷无穷、逐无极与，其折骨、绝筋，终身不可以相及也。将有所止之，则千里虽远，亦或迟、或速、或先、或后，胡为乎其不可以相及也？不识步道者将以穷无穷、逐无极与？意亦有所止之与？夫『坚白』、『同异』、『有厚无厚』之察①，非不察也，然而君子不辩，止之也；倚魁之行，非不难也，然而君子不行，止之也。故学曰：『迟，彼止而待我，我行而就之，则亦或迟、或速、或先、或后，胡为乎其不可以同至也？』故跬步而不休，跛鳖千里；累土而不辍，丘山崇成；厌②其源，开其渎，江河可竭；一进一退，一左一右，六骥不致。彼人之才性之相县也，岂若跛鳖之与六骥足哉？然而跛鳖致之，六骥不致，是无它故焉，或为之、或不为尔！

注释

①坚白：指石头所具有的坚硬和白色两种属性。它是战国时期各家争论的一个重要命题。以公孙龙为代表的『离坚白』论者认为『坚』和『白』是两种各自独立，互相分离的属性，因为眼睛看到石头的『白』而看不出其『坚』，手能摸到其『坚』而不能感知其『白』，公孙龙是想借此说明事物的共性和个性之间的区别。后期墨家则主张『坚白相盈』，认为『坚』和『白』不能离开具体的石头而独立存在。关于这一场争论，可以参见《公孙龙子·坚白论》以及《墨子》的《经上》、《经说上》、《经说下》。同异：指庄子的『同异论』。他认为事物的同异是相对的。对具体的事物来说，它们之间有『小

江水浩瀚

大江大河水丰浩瀚，一望无边，都是由于江河善于接纳融汇小流小溪，不断累积的缘故，如果堵塞水源并开渠放水，再大的江河也有干涸的一天，而对于学者，勤学积累正是知识的『源头活水』。

同』、『小异』；但是，从根本上看，万物又莫不『毕同』、『毕异』。参见《庄子·天下》。有厚无厚：指庄子『有厚无厚论』。庄子说：『无厚不可积也，其大千里。』指的是总体空间的无限性和具体空间的有限性。参见《庄子·天下》。也有人说『同异』、『有厚无厚』都是战国时期名家惠施的命题，也有人说是春秋时期邓析的命题，见《邓析子·无厚篇》。②厌：同『压』，堵塞，阻挡的意思。

译文

好马一天能跑千里，劣马跑十天也能赶上。但是想要走尽那没有尽头的道路、追赶那没有终点的目标，那么，即使跑断了筋骨，一辈子也不可能到达。这样说来，如果有个奔跑的终点，那么纵使是迢迢千里的路程，也不过是有的跑得慢一点、有的跑得快一点、有的先到、有的后到罢了，怎么会达不到这个终极目标呢？不懂得行路的人是要穷尽那无穷的道路、追求那没有终点的目标呢？还是应该有一定的范围或者限度呢？那些对『坚白』、『同异』、『有厚无厚』等命题的考察分析，不是不了解，只是君子不去辩论，因为凡事都有一个限度；奇异怪癖的行为，不是不应该责难，而是君子不愿意去责难，也是因为凡事都有限度啊。因此，学者们说：『我速度放慢以至于落后了，在他们停下来等我时，我努力赶上去靠近他们，那也只不过是或者迟缓一些、或者迅速一些、或者先到、或者后到的问题，为什么不能同样到达目的地呢？』因此，一步两步地走个不停，即使跛足的乌龟也能走到千里之外；不停地堆积泥土，土山终究能形成；塞住水的源头，挖开流水的沟渠，江河也会干涸；一会儿前进一会儿后退，一会儿向左一会儿向右，即使是六匹骏马拉的车也到达不了目的地。各人的资质与本性之间的差异，即使相距遥远，难道会像跛足的乌龟和六匹骏马之间的差别那样悬殊吗？然而，跛足的乌龟能够到达目的地，六匹骏马拉的车却达不到，没有别的缘故，只是一个去做了，而另一个却不去做罢了！

道虽迩，不行不至；事虽小，不为不成。其为人也多暇日者，其出人不远矣。

好法而行，士也；笃志而体，君子也；齐明而不竭，圣人也。

人无法，则伥伥然；有法而无志其义，则渠渠然；依乎法而又深其类，然后温温然。

路途即使非常近，然而，不走就不能到达目的地；事情即使非常小，然而，不去做就不会成功。那些活在世上而非常懒惰的人，即使他们能做的比别人好，也决不会好很多的。

爱好礼法而去行动的一类人是士；意志坚定而身体力行的一类人是君子；思想明智敏捷而又永不枯竭的一类人是圣人。

人没有礼法就会变得迷惘无助、不知所措；有了礼法而不懂它的旨意，就会手忙脚乱、窘迫不安；遵

循礼法而又能深入地把握它的具体准则，这样才能轻松自如、得心应手。

原文

礼者，所以正身也；师者，所以正礼也。无礼，何以正身？无师，吾安知礼之为是也？礼然而然，则是情安礼也；师云而云，则是知若师也。情安礼，知若师，则是圣人也。故非礼，是无法也；非师，是无师也。不是师法而好自用，譬之，是犹以盲辨色、以聋辨声也，舍乱妄无为也。故学也者，礼法也；夫师，以身为正仪而贵自安者也。《诗》云：『不识不知，顺帝之则。』此之谓也。

译文

礼法是用来端正身心的；老师是靠他正确阐明礼法的。没有礼法，用什么来端正身心呢？没有老师，我哪能知道礼法的正确内涵呢？礼法是怎样规定的就怎样做，这是在性情上安于礼法；老师怎样说便怎样去做，这就是从理智上顺从老师。性情上安于礼法，理智上顺从于老师，这就是圣人。因此，违背礼法就是没有法度，违背老师就是无视老师的存在。不遵循礼法和老师的教导而喜欢自行其是，打个比方，那就好像让瞎子来辨别颜色、让聋子来分辨声音一样，除了思想混乱行为狂妄的人，是没有人会做出这种事的。因此，学习就是学习礼仪法度；那老师就是以身作则而又贵在坚持这样做的人。《诗经》说：『不知道为什么要这样做，但是这样做符合自然的法则。』就是说的这种情况。

原文

端悫顺弟，则可谓善少者矣；加好学逊敏焉，则有钧无上，可以为君子者矣。偷儒惮事，无廉耻而嗜乎饮食，则可谓恶少者矣；加惕悍而不顺，险贼而不弟焉，则可谓不详少者矣；虽陷刑戮可也。

译文

端正谨慎地顺从兄长，就可以被称为好少年了；如果再加上好学谦虚敏捷，那么，就只有和他相等的人而没有超过他的人了，这种人就可以被称为君子了。苟且偷安懒惰懦弱，没有廉耻之心而贪图吃喝，这样，就可以被称为坏少年了；如果再加上放荡凶狠、不顺从道义，阴险可怕而不尊重兄长，这样，这种人就可以被称为不祥的少年了；这种人即使遭受刑罚杀戮也是应该的。

原文

老老，而壮者归焉；不穷穷，而通者积焉；行乎冥冥而施乎无报，而贤、不肖一焉。人有此三行，虽有大过，天其不遂乎！

君子之求利也略，其远害也早，其避辱也惧，其行道理也勇。

译文

尊重老年人，那么正值壮年的人也会来归顺；不轻视欺侮处境窘困的人，那么，通达显赫的人也聚集靠拢来了；暗中做好事、施舍给别人而不求回报，那么，贤能的人和无能的人都会聚集靠拢过来。人有了这三种品行，即使犯了大的过失，老天恐怕也不会把他毁灭掉吧！

君子对于利益的追求是漫不经心的，他对于祸害的发生是很早就作好准备的，他对耻辱的避免是非常恐惧的，他对道义的奉行是非常勇敢的。

原文

君子贫穷而志广，富贵而体恭，安燕而血气不惰，劳倦而容貌不枯，怒不过夺，喜不过予。君子贫穷

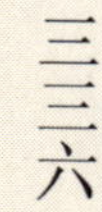

而志广，隆仁也；富贵而体恭，杀势也；安燕而血气不惰，柬理也；劳倦而容貌不枯，好交也；怒不过夺，喜不过予，是法胜私也。《书》曰：『无有作好，遵王之道；无有作恶，遵王之路。』此言君子之能以公义胜私欲也。

译文

君子即使贫穷困窘，但是志向却是非常远大的；即使富裕高贵，但是却表现得非常恭敬谦虚；即使生活非常安逸，但是精神并不倦怠懒散；即使劳累疲惫，但是容貌却并不显得无精打采；即使生气发怒，也不过分地惩罚别人；即使心情很好，也不过多地奖赏别人。君子虽然贫穷困窘但是志向远大，这是因为他推崇、弘扬仁德；富裕高贵但是体貌恭谦，这是因为他要减弱权势，不想以权压人；生活安逸而精神不倦怠懒散，这是因为他选择了合乎礼义的生活规则；劳累疲惫但是容貌并不显得无精打采，这是因为他注重礼仪；生气发怒但是不过分地惩罚别人，心情非常好也不过分地奖赏别人，这是因为在心中法度胜过他的私情。《尚书》说：『没有个人的爱好，只是遵循先王的正道；没有个人的憎恶，只是遵循先王的正路。』这句话就是说君子能用符合公众利益的道义公理来战胜个人的私欲。

敬贤怀鹞

据史书记载，唐太宗一次得到一只很好的鹞子，非常喜爱，把它放在臂膀上玩，恰好魏徵来汇报事情，唐太宗对魏徵很敬畏，怕他看到，就把鹞子藏在怀里；魏徵知道太宗把鹞子放在怀里，奏事的时候故意拖延时间，鹞子被闷死。唐太宗之所以被后世称颂，和他的『富贵而体恭』，能虚心听取大臣的进谏是分不开的。

帝舜

帝舜，姓姚，名重华，传说中上古的君王，在我国的传统道德规范中，帝舜一直被当作道德的典范称颂，即『传而不息』。

不苟

原文

君子行不贵苟难，说不贵苟察，名不贵苟传，唯其当之为贵。负石而赴河，是行之难为者也，而申徒狄能之；然而君子不贵者，非礼义之中也。山渊平，天地比，齐、秦袭，入乎耳、出乎口，钩有须，卵有毛，是说之难持者也，而惠施、邓析能之；然而君子不贵者，非礼义之中也。盗跖吟口，名声若日月，与舜、禹俱传而不息；然而君子不贵者，非礼义之中也。故曰：君子行不贵苟难，说不贵苟察，名不贵苟传，唯其当之为贵。《诗》曰：『物其有矣，唯其时矣。』此之谓也。

译文

君子做事不因为事情难办就认为可贵；不认为言论明白清晰就可贵；不认为名声广泛流传就珍贵；只有行为、学说、名声符合礼义，这才是最可贵的。因此，抱着石头投河自杀是常人难以做到的举动，但是申徒狄却做到了；可是君子并不推崇这种行为，因为他们觉得这种行为不合乎礼义的中正之道。高山和深渊相平，天和地高低相比，齐国、秦国相毗连，话语从耳朵中进去从嘴巴里出来，

女人身体存在胡须的基因，禽蛋里存在羽毛的基因，这些都是常人难以把握的学说，然而惠施、邓析却能对它们进行论证；但是君子并不认为这些言论很可贵，因为它们不合乎礼义的中正之道。人们常常把盗跖的名字挂在嘴边，他的名声就像太阳、月亮一样无人不知，而且跟舜、禹等人一起流传后世；但是君子并不认为这种名声可贵，因为其不合乎礼义的中正之道。因此说：君子做事不因为事情难办就认为其可贵；不认为言论学说明白清晰就可贵；不认为名声广为流传就可贵；只有行为、学说、名声合乎礼义的中正之道，它们才是可贵的。《诗经》说：『世界万物是客观存在的，只有对其进行实事求是的分析才难能可贵。』说的就是这个道理。

原文

君子易知而难狎，易惧而难胁，畏患而不避义死，欲利而不为所非，交亲而不比，言辩而不辞。荡荡乎！其有以殊于世也。

译文

君子容易亲近，但却难以与之狎戏；君子容易恐惧，却难以胁迫；君子害怕遭受祸患，却不逃避为正义而献身；君子希望获得利益，却不做不应该做的事；君子与人亲近，却不与人结党营私；君子善于言辞，却不追求华丽的辞藻。君子的胸怀是多么宽广啊！他与世人完全不同。

原文

君子能亦好，不能亦好；小人能亦丑，不能亦丑。君子能，则宽容易直以开道人；不能，则恭敬缚绌以畏事人。小人能，则倨傲僻违以骄溢人；不能，则妒嫉怨诽以倾覆人。故曰：君子能，则人荣学焉；不能，

则人乐告之。小人能，则人贱学焉；不能，则人羞告之。是君子、小人之分也。

君子有才能也是美的，没有才能也是美的；小人有才能是丑的，没有才能也是丑的。君子如果有才能，就会宽宏大量、平易近人、正直无私，并且用这些品质来启发开导别人；如果没有才能，就恭恭敬敬、谦虚谨慎，并以敬佩的心态对待别人。小人如果有才能，就会傲慢自大，邪僻不正，并且以傲慢的态度凌驾于别人之上；如果没有才能，就会靠忌妒、怨恨、诽谤来搞垮别人。因此说：君子如果有才能，别人就会把向他学习看作一件光荣的事情；如果没有才能，别人也会乐意告诉他一些知识和道理。小人如果有才能，别人就会把向他学习当作一件卑贱的事情；如果没有才能，别人就会把告诉他知识当作一件羞耻的事情。这就是君子和小人的区别。

原文

君子宽而不僈，廉而不刿，辩而不争，察而不激，寡立而不胜，坚强而不暴，柔从而不流，恭敬谨慎而容。夫是之谓至文。《诗》曰：『温温恭人，惟德之基。』此之谓矣。

译文

君子待人宽容而不怠慢，正直守节而不尖刻伤人，能言善辩而不强词夺理，洞察一切而不激切，卓尔不群而不盛气凌人，坚定刚强而不粗鲁凶暴，服从柔和而不随波逐流，恭谦谨慎而又待人宽容，这就可以叫做德行完备了。《诗经》说：『温顺柔和谦恭的人是以道德为立身处世的根本的。』说的就是这种人了。

原文

君子崇人之德，扬人之美，非谄谀也；正义直指，举人之过，非毁疵也；言己之光美，拟于舜、禹，参于天地，非夸诞也；与时屈伸，柔从若蒲苇，非慑怯也；刚强猛毅，靡所不信，非骄暴也。以义应变，知当曲直故也。《诗》曰：『左之左之，君子宜之；右之右之，君子有之。』此言君子能以义屈信变应故也。

译文

君子尊崇别人的品德，颂扬别人的优点，并不是对别人谄媚奉承；公正地、坦率地指出别人的过失，并不是对别人诋毁挑剔；夸自己非常出众，可以与舜、禹相比拟，与天地相匹配，并不是浮夸说谎；顺应时势的变化或退缩或进取，就像香蒲和芦苇一样柔和顺从，并不是懦弱胆怯；刚强勇猛坚毅，没有屈服的时候，并不是骄横残暴。这些行为都是根据礼义来应变，知道该曲就曲该伸就伸的缘故啊。《诗经》说：『该往左就往左，君子能适应左边；该往右就往右，君子也能适应右边。』这就是说君子能根据礼义来屈伸进退，应对变化啊。

蒲苇

蒲苇柔韧，风起时随风而伏，但风过之后，蒲草又会挺立水边，可见蒲苇正是以随风而伏自保，同样道理，君子『与时屈伸』的美德，也正是君子生存的智慧。

原文

君子，小人之反也。君子大心则天而道，小心则畏义而节；知则明通而类，愚则端悫而法；见由则恭而止，见闭则敬而齐；喜则和而治，忧则静而违；通则文而明，穷则约而详。小人则不然，大心则慢而暴，小心则淫而倾；知则攫盗而渐，愚则毒贼而乱；见由则兑而倨，见闭则怨而险；喜则轻而翾，忧则挫而慑；通则骄而偏，穷则弃而儑。传曰：『君子两进，小人两废。』此之谓也。

译文

君子是小人的反面。君子如果志向宏大高远，就会敬奉上天而遵循自然界的规律；如果志向不高远，就会敬畏礼义而对自己有所节制；如果聪明，就会精明通达而触类旁通；如果愚笨，就会忠厚诚笃而遵守法度；如果被重用，就会恭敬而守礼节；如果不被重用，就会庄重而严肃；如果高兴了，就会平和地去处理事情；如果忧愁了，就会冷静地处理事情；如果显达了，就会变得文雅而高明；如果窘困了，就会进行自我约束而且明察事理。小人就不是这样，如果志向宏大高远了，就会变得傲慢而粗鲁；如果胸无大志的话，就会变得奸邪而诬陷别人；如果聪明的话，就会为了巧取豪夺而用尽心机；如果愚笨的话，就会变得凶狠残忍而胡作非为；如果被重用，就会变得兴奋以至于狂妄；如果不被重用，就会心生怨恨而变得阴险恶毒；如果高兴了，就会变得轻浮而暴躁；如果忧愁了，就会垂头丧气而心生恐惧；如果显达了，就会变得骄横而偏邪；如果身处困窘，就会自暴自弃从而变得畏缩卑下。古书上说：『君子在「大心」和「小心」这两种情况下都能进步，小人在这两种情况下都会堕落。』说的就是这个道理。

君子治治，非治乱也。曷谓邪？曰：礼义之谓治，非礼义之谓乱也。故君子者，治礼义者也，非治非礼义者也。然则国乱将弗治与？曰：国乱而治之者，非案乱而治之之谓也，去乱而被之以治。人污而修之者，非案污而修之之谓也，去污而易之以修。故去乱而非治乱也，去污而非修污也。治之为名，犹曰君子为治而不为乱、为修而不为污也。

译文

君子整治秩序井然的国家，而不整治混乱无章的国家。为什么这么说呢？回答是：符合礼义的局面叫做有秩序，违背礼义的局面就叫做混乱。因此，君子整治的是符合礼义的国家，而不是有悖于礼义的国家。如果这样的话，难道国家混乱了就不去整治吗？回答说：国家混乱再去加以整治，并不是说在混乱的基础上去整治，而是要消除混乱，然后再加以治理。就像整治外表或思想肮脏的人一样，并不是要在肮脏的基础上去整治他，而是要清除掉肮脏的外表或者思想，然后换上美好的外表或思想。清除掉混乱并不等于整治混乱，清除掉肮脏的东西并不等于整治肮脏。整治作为一个概念，意思是说，君子只做安定有序的事而不做混乱无章的事，只做美好的事而不做肮脏的事。

原文

君子洁其身而同焉者合矣，善其言而类焉者应矣。故马鸣而马应之，牛鸣而牛应之，非知也，其势然也。故新浴者振其衣，新沐者弹其冠，人之情也。其谁能以己之潐潐受人之掝掝者哉？

牛鸣相应

物以类聚，人以群分，牛鸣则同类相应和，而人也是如此，君子心性高洁，只与君子相知相应，这就是『善其言而类焉者应矣』。

译文

君子如果自身廉洁的话，与他志同道合的人就与他相应和；君子自己的学说如果完善的话，与他观点相同的人就会响应了。因此，马一鸣叫就有别的马应和它，牛一鸣叫就有别的牛来应和它，之所以出现这种情况，并不是因为牛马聪明，而是自然情形就是这样的。因此，刚洗过澡的人总是在穿衣服前抖一下自己的衣服，刚洗过头的人总要在戴帽子之前弹一下自己的帽子，这是人之常情啊。谁愿意让自己的干净的面容受到别人的玷污呢？

原文

君子养心莫善于诚，致诚，则无它事矣，唯仁之为守，唯义之为行。诚心守仁则形，形则神，神则能化矣；诚心行义则理，理则明，明则能变矣。变化代兴，谓之天德①。天不言而人推高焉，地不言而人推厚焉，四时不言而百姓期焉：夫此有常以至其诚者也。君子至德，嘿然而喻，未施而亲，不怒而威：夫此顺命以慎其独者也。善之为道者：不诚，则不独；不独，则不形；不形，则虽作于心，见于色，出于言，民犹若未从也；虽从必疑。天地为大矣，不诚则不能化万物；圣人为知矣，不诚则不能化万民；父子为亲矣，不诚

则疏；君上为尊矣，不诚则卑。夫诚者，君子之所守也，而政事之本也。唯所居，以其类至；操之，则得之；舍之，则失之。操而得之，则轻；轻，则独行；独行而不舍，则济矣。济而材尽，长迁而不反其初，则化矣。

注释

①天德：天的德行，在这里指自然变化规律。改革旧制叫做变，引诱向善叫做化，这种除旧布新的德行交相为用，就像天道阴阳更替一般，所以称为『天德』。

译文

君子如果想保养身心，那么没有比真诚更好的途径了，如果达到了诚信无欺的境界，就不需要其他途径了，只要守住仁义道德，奉行道义就行了。真心实意地守住仁义道德，仁义道德就会在行为上表现出来，就显得超凡脱俗，就能使事物发生转化；真心诚意地按照仁义道德办事，事情就会办得有条理，人就能明察事理，就能使事物变化。『变』与『化』轮流起作用，这叫做自然的变化规律。上天不说话人们也都公认它高远，大地不说话人们也都公认它深厚，春夏秋冬即使不说话，老百姓也都知道四季变换有期有信：这些都是因为它们有规律，因而达到极为真诚的境界。君子有了极为崇高的品德，即使他沉默不言，人们也都明白他的意思；不对别人施恩惠，人们却愿意亲近他；不用发怒，表情就很威严：这是因为他遵守自然规律，即使独处时也能谨慎地守仁行义的缘故。善于施行『仁道』的人懂得这个道理：如果不真诚，就不能在独处时谨慎地守仁行义；不能谨慎地守仁行义的人，就无法在日常行为中表现出道义来；如果不能在日常行为中表现出道义来，那么，即使道义发自内心，流露在脸色上，表露在言论中，人们仍然不会顺从他；即使顺从他，也一定心存疑虑。天地算是伟大的了，不真诚就不能孕育出万物；圣人算是明智的了，不真诚就不能感化改造民众；父子之间的关系算是亲密的了，不真诚就会变得疏远；君主算是尊贵的了，不真诚就不会受到民众的尊重。真诚，是君子必须遵守的，是国家政治的根本。只有根据事物固有的规律，把这些规律推行到同类事物上去，就算是掌握了真诚；掌握了真诚就能得到真诚；丢掉了真诚就会失去真诚。掌握住真诚，行动就很轻松了；轻松就能专心一致地遵守仁义道德；谨慎地锲而不舍地遵守仁义道德，所从事的事业就会成功。人们事业成功了，他们的才能得到充分的发挥，即使经过长期的变迁也不会再返回到它最初的性状，这就是变化了。

原文

君子位尊而志恭，心小而道大；所听视者近，而所闻见者远。是何邪？则操术然也。故千人万人之情，一人之情是也；天地始者，今日是也；百王之道，后王是也。君子审后王之道，而论于百王之前，若端拜而议。推礼义之统，分是非之分，总天下之要，治海内之众，若使一人。故操弥约而事弥大；五寸之矩，尽天下之方也。故君子不下堂，而海内之情举积此者，则操术然也。

译文

君子即使地位显赫了，然而内心仍然很谦恭；心思虽然非常细密，然而本领却非常强大；他能听到、能看到的距离很近，但是能听见、看见的东西却又很远。这是什么原因呢？是君子掌握的一定的方法使他这样的。因为千万人的情况，就是一个人的情况；天地初开辟时的情况，就是今天的情况；历代帝王的治国之道，也就是当今帝王的治国之道。君子审察了当代帝王的治国之道，再去将之与历代帝王的治国之道相比较，就能够像端坐拱手一样从容不迫地议论了。讲究礼义的纲领，分清是非的界限，总揽天下的要领，治理天下的民众，就像使唤一个人一样。因此，手头上掌握的方法越简约，能办成的事就越大；五寸长的曲尺，能够画出全天下所有的方形。因此，君子不用走出厅堂而天下的情况都能聚集在他这里，这是他掌握的方法使他这样的啊。

有通士者，有公士者，有直士者，有悫士者，有小人者。上则能尊君，下则能爱民，物至而应，事起而辨，若是则可谓通士矣。不下比以暗上，不上同以疾下，分争于中，不以私害之，若是则可谓公士矣。身之所长，上虽不知，不以悖君；身之所短，上虽不知，不以取赏；长短不饰，以情自竭，若是则可谓直士矣。庸言必信之，庸行必慎之，畏法流俗，而不敢以其所独甚，若是则可谓悫士矣。言无常信，行无常贞，唯利所在，无所不倾，若是则可谓小人矣。

译文

有通达明事理的人，有公正无私的人，有爽快耿直的人，有拘谨忠厚的人，还有小人。对上能尊敬君主，对下能爱护民众，事情来了能从容地应付，事件发生了能够及时处理，这样的人就可以称为通情达理的人了。不在下面互相勾结去蒙骗君主，不迎合君主去残害下面的臣民，在利害纷争中，不因为个人的私利而损害集体的利益，像这样的人就可以称为公正无私的人了。自身的长处，君主即使不知道，也不隐瞒君主；自身的短处，君主即使不知道，也不靠它骗取君主的奖赏；长处和短处都不加以掩饰，将真实情况主动地暴露无遗，像这样的人就可以称为爽快耿直的人了。即使说一句普通的话也要诚实，做一件普通的事也一定要小心谨慎，不敢效法流行的习俗，也不敢凭自己的所长而自以为是，像这样的人就可以称为谨慎忠厚

的人了。说话经常不讲信用，做事没有一定的原则，只要是有利可图，任何事情都可以使他倾倒的，像这样的人就可以称为小人了。

公生明，偏生暗；端悫生通，诈伪生塞；诚信生神，夸诞生惑。此六生者，君子慎之，而禹、桀所以分也。

欲恶取舍之权：见其可欲也，则必前后虑其可恶也者；见其可利也，则必前后虑其可害也者；而兼权之，孰计之，然后定其欲恶取舍。如是则常不失陷矣。凡人之患，偏伤之也：见其可欲也，则不虑其可恶也者；见其可利也，则不顾其可害也者。是以动则必陷，为则必辱，是偏伤之患也。

译文

公正能产生聪明，偏私会产生愚昧；端庄谨慎会产生通达，狡诈虚伪会产生阻塞；诚实守信会产生神明，自夸荒诞会产生惑乱。这六种『产生』，君子要慎重对待，这是禹这样的圣人与桀这样的恶人的区别。

喜好与厌恶、摄取与舍弃的权衡标准是：看见那些可以追求的东西，就必须前前后后仔细考虑一下它令人讨厌的一面；看到那些可以从中得到益处的东西，就必须前前后后仔细考虑一下它可能给人造成的危害。两方面都权衡一下，仔细考虑一下，然后决定到底是追求它还是厌恶它、是摄取它还是舍弃它。像这样往往就可以避免失误了。大凡人们所担心的事情，往往是由片面性认识所造成的：看见那些可以追求的东西，就不考虑它令人讨厌的一面；看到那可以从中得到益处的东西，就不去考虑它可能造成的危害。所以，行动起来就必然会产生失误，做了就必然招来耻辱，这是偏私造成的祸患啊。

史蝤

史蝤，又名史鱼，曾经以尸体相谏卫灵公罢免弥子瑕，为古代学者推崇，史家将其作为忠良的代表。

原文

人之所恶者，吾亦恶之。夫富贵者则类傲之，夫贫贱者则求柔之，是非仁人之情也，是奸人将以盗名于晻世者也，险莫大焉。故曰：『盗名不如盗货。』田仲、史蝤不如盗也①。

注释

①田仲：又叫陈仲子，战国时齐国贵族，其兄在齐国做官，他认为其兄的钱财是不义之财，所以就离开他的兄长而自食其力，故以廉洁清高著称。史蝤：字子鱼，故又叫史鱼，春秋时卫国大夫，曾劝说卫灵公罢免弥子瑕，临死时告诉儿子不要将他的尸体装入棺材，要以尸谏灵公来尽忠，卫灵公为此大加赞扬，孔子也称颂他正直。

译文

别人所讨厌的，我也讨厌它。对那富贵的人统统加以傲视，对那贫贱的人普遍给予安抚，这种做法并不是仁人的感情，这是奸邪的人在黑暗的社会里用来盗取名誉的办法，没有比这再险恶的了。古书上说：『欺世盗名的人还不如偷窃财物的贼。』田仲、史蝤还不如贼。

荣辱

原文

㤑泄者，人之殃也；恭俭者，偋五兵也，虽有戈矛之刺，不如恭俭之利也。故与人善言，暖于布帛；伤人以言，深于矛戟。故薄薄之地，不得履之，非地不安也；危足无所履者，凡在言也。巨涂则让，小涂则殆，虽欲不谨，若云不使。

译文

傲慢轻浮，是人的祸殃；恭敬谦卑，可以使自己免除杀身之祸，由此可见，纵然有戈矛的锋芒，也不如恭敬谦逊锐利。因此，用好的言语赞扬别人，比给人布帛更令人感到温暖；用恶语伤害别人，比矛戟伤人更深。因此，对有的人来说，宽广的大地上却没有自己的立足之地，这并不是因为地面不平稳；即使踮起脚跟也没有可以踩下去的地方，都在于言语太伤了人啊。大路非常拥挤，小路又非常崎岖危险，即使想不谨慎，又好像有什么迫使其不得不谨慎。

原文

快快而亡者，怒也；察察而残者，忮也；博而穷者，訾也；清之而俞浊者，口也；豢之而俞瘠者，交也；辩而不说者，争也；直立而不见知者，胜也；廉而不见贵者，刿也；勇而不见惮者，贪也；信而不见敬者，好刬行也。此小人之所务，而君子之所不为也。

译文

肆意妄为而死亡，这是由一时的愤怒导致的；明察一切反而遭到残害，这是由忌恨导致的；知识渊博

吴起吮卒病疽

吴起，原为鲁国大臣，为了争做将军，而杀死自己的妻子，他后来又叛离多个国家，在多个国家为将，虽然史上有他爱兵如子的说法，但他为了自身飞黄腾达而『忘其亲者也，忘其君者也』，终究是一个为自己利益而斗的小人。

而处境窘困，这是由喜好毁谤别人导致的；想要使自己的名声清白反而愈来愈糟糕，这是由话太多导致的；供养款待别人而交情却越来越淡薄，这是由待人接物不当导致的；能言善辩而不受别人的欢迎，这是由喜好争执导致的；待人处事正直无私而不被人理解，这是由气势太盛导致的；端庄廉洁而不被人尊重，这是由说话尖刻伤人导致的；勇猛无比而不受人敬畏，这是由贪婪导致的；诚信而不被人尊敬，这是由喜欢独断专行导致的。这些行为都是小人所做的，是君子所不做的。

原文

斗者①，忘其身者也，忘其亲②者也，忘其君者也。行其少顷之怒，而丧终身之躯，然且为之，是忘其身也；室家③立残，亲戚不免乎刑戮，然且为之，是忘其亲也；君上之所恶也，刑法之所大禁也，然且为之，是忘其君也。忧④忘其身，内忘其亲，上忘其君，是刑法之所不舍也，圣王之所不畜⑤也。乳彘不触虎⑥，乳狗不远游，不忘其亲也。人也，忧忘其身，内忘其亲，上忘其君，则是人也，而曾狗彘之不若也。

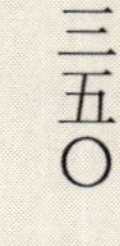

注释

①斗者：指战国末期为个人利益而斗杀的人。②亲：原意指父母，在这里泛指亲人。③室家：指妻子儿女。④忧：根据上下文，疑为『下』。⑤畜：收容。⑥乳彘不触虎：正在哺乳的母猪不会触犯老虎。

译文

为了个人利益而争斗的人，是忘记自己生命的人，是忘记了自己亲人的人，是忘记了自己君主的人。发泄了他一时的怒气，而丧失了一生的生命，但是还是去争斗，这便是忘记了自己的生命；妻子儿女立刻会遭到残杀，亲戚也不免遭受刑罚杀戮，但是还是去争斗，这便是忘记了自己的亲人；争斗是君主所厌恶的事情，是刑法所严格禁止的事情，然而还是去争斗，这便是忘记了自己的君主。在下忘记了自己的生命；从家庭内部来说，是忘记了亲人；对上忘记了自己的君主，这种事情是刑法所不容许的，也是圣明君主所不能容忍的。正在哺乳的母猪不去冒犯老虎，正在喂奶的母狗不会到远处游逛，这是因为它们没忘记自己的亲人啊。作为一个人，在下忘记了自身的生命；从家庭内部来说，忘记了自己的亲人，对上忘记了自己的君主，那么这种人就连猪狗也不如了。

原文

凡斗者，必自以为是而以人为非也。己诚是也，人诚非也，则是己君子而人小人也。以君子与小人相贼害也，忧以忘其身，内以忘其亲，上以忘其君，岂不过甚矣哉？是人也，所谓以狐父之戈钃牛矢也①。将以为智邪，则愚莫大焉；将以为利邪，则害莫大焉；将以为荣邪，则辱莫大焉；将以为安邪，则危莫大焉。人之有斗，何哉？我欲属之狂惑疾病邪，则不可，圣王又诛之。我欲属之鸟鼠禽兽邪，则不可，其形体又人，

而好恶多同。人之有斗，何哉？我甚丑之。

注释

①狐父：古代的地名，在今天江苏砀山附近，据说那个地方盛产一种优质的戈。镯，砍。

译文

凡是为了自己的利益而争斗的人，肯定认为自己的做法是正确的，别人的做法是错误的。自己如果确实是对的，别人确实是错的，那么自己就是君子，别人就是小人了。如果凭借君子的身份去和小人互相残杀，对下来说，忘记了自己的生命；从家庭内部来说，忘记了自己的亲人；对上来说，忘记了自己的君主；这样的错误岂不是太严重了吗？这种人，其行为就像人们平常所说的用狐父出产的锋利的戈来斩牛屎一样。要是把其看作聪明的举动吧，其实没有比这种做法更愚蠢的了；如果把其看作有利的举动吧，其实没有比这种做法更有害的了；如果把其看作光荣的举动吧，其实没有比这种做法更让人觉得耻辱的了；如果把其看作安全的举动吧，其实没有比这种做法更危险的了。人们有争斗的行为，到底为什么呢？我想把这样的行为归属于疯狂、惑乱之类的精神疾病，但又不可以，因为圣明的君主还是会惩处这种行为的；我想把他们归到鸟鼠禽兽中去，但是也不可以，因为他们从形体容貌上看还是人，而且他们的喜好憎恶大多和别人的相同。人们会发生争斗，究竟是为什么呢？我认为这种争斗的行为非常让人讨厌。

原文

有狗彘之勇者，有贾盗之勇者，有小人之勇者，有士君子之勇者。争饮食，无廉耻，不知是非，不辟死伤，不畏众强，恈恈然唯利饮食之见，是狗彘之勇也。为事利，争货财，无辞让，果敢而振，猛贪而戾，恈

猪争食

猪狗都是禽兽之属，为人所不齿，猪狗为争饮食，常常会互相打斗，这就是猪狗之勇。为君子者，不可好猪狗之勇，应『重死、持义而不桡』。

恈然唯利之见，是贾盗之勇也。轻死而暴，是小人之勇也。义之所在，不倾于权，不顾其利，举国而与之不为改视，重死、持义而不桡，是士君子之勇也。

译文

世上有狗和猪的勇敢，有商人和盗贼的勇敢，有小人的勇敢，有士君子的勇敢。争夺食物，没有廉耻之心，不懂是非曲直，不顾死伤，不畏惧强大的众人，贪婪无边，只看到吃喝，这是狗和猪的勇敢。做事只知道贪图利益，争夺财物，毫不谦让，行动果断大胆而残暴，心肠狠毒、贪婪而暴戾，贪婪得只看到财利，这是商人和盗贼的勇敢。不害怕死亡而行为残暴，是小人的勇敢。只要合乎道义，就不屈从于权势，不顾自己的私利，即使全国上下都反对他，他也不会改变自己的观点，虽然爱惜自己的生命，但是为了坚持正义而不屈不挠，这才是士君子的勇敢。

原文

鲦鉢者，浮阳之鱼也；胠于沙而思水，则无逮矣。挂于患而欲谨，则无益矣。自知者不怨人，知命者不怨天；怨人者穷，怨天者无志。失之己，反之人，岂不迂乎哉？

译文

鲦𩵾是喜欢浮在水面上晒太阳的鱼；但当它被搁浅在沙滩上的时候才想要得到水，却已经来不及了。遭到祸患才想起要小心谨慎，但是那时已经没有用了。有自知之明的人不怨恨别人，知晓命运的人不会埋怨老天；怨恨别人的人就会走投无路，埋怨老天的人没有见识。过失出在自己身上，反过来去责怪别人，岂不是背离得太远了吗？

荣辱之大分、安危利害之常体：先义而后利者荣，先利而后义者辱；荣者常通，辱者常穷；通者常制人，穷者常制于人：是荣辱之大分也。材悫者常安利，荡悍者常危害；安利者常乐易，危害者常忧险；乐易者常寿长，忧险者常夭折：是安危利害之常体也。

译文

光荣和耻辱的根本区别，安危利害的通常规律是：把道义放在前面而把利益放在后面的人能够荣显，把利益放在前面而把道义放在后面的人常常受辱；荣显的人通常是非常通达的，受辱的人通常非常穷困；通达的人往往统治别人，穷困的人往往受别人的统治：这就是荣显和受辱的根本区别。才能出众而又小心谨慎的人往往安全得利，放荡凶悍的人往往遭到危害；安全得利的人常常快乐平易，遭受危害的人常常忧愁且有危机感；快乐平易的人往往长寿；忧愁且有危机感的人往往夭折：这就是安危利害的通常规律。

夫天生蒸民，有所以取之。志意致修，德行致厚，智虑致明，是天子之所以取天下也。政令法，举措时，

度量衡

自文明开启之时，人们就建立起法度、规定了度量衡、统计户籍、绘制地图，以此来规范社会中人的行为，正是这些度量法规，保证着作为社会动物的人的正常生活。

听断公，上则能顺天子之命，下则能保百姓，是诸侯之所以取国家也。志行修，临官治，上则能顺上，下则能保其职，是士大夫之所以取田邑也。循法则、度量、刑辟、图籍，不知其义，谨守其数，慎不敢损益也，父子相传，以持王公，是故三代虽亡，治法犹存，是官人百吏之所以取禄秩也。孝弟愿悫，軥录疾力，以敦比其事业，而不敢怠傲，是庶人之所以取暖衣饱食、长生久视以免于刑戮也。饰邪说，文奸言，为倚事，陶诞突盗，惕悍憍暴，以偷生反侧于乱世之间，是奸人之所以取危辱死刑也。其虑之不深，其择之不谨，其定取舍楛僈，是其所以危也。

译文

自然界创造了众人，众人都可以在社会中找到相应的位置。意志思想极为美好，德操行为极为宽厚，谋虑极为明智，这是天子之所以取得天下的原因。政令合乎法度，措施合乎时宜，处理公事公正，上能听从天子的命令，下能保全百姓，这是诸侯之所以取得国家的原因。意志行为非常美好，当官的时候能够管理好政事，上能顺从国君，下能恪守自己的职位，这是士大夫之所以取得封地的原因。遵守法律准则、度量、刑法、地图户籍来办事，即使不懂它们所蕴涵的意思，也严格地遵守具体的条文，小心谨慎不敢删减或增加，父亲将它们传给自己的儿子，用来辅佐王公；因此，虽然夏、商、周三代都灭亡了，但是其政策法规仍然保存了下来，这是各级官吏之所以取得俸禄的原因。孝顺父母，敬爱兄长，诚实谨慎，勤劳努力，以此来勉力自己从事自己的事业，而不敢懈怠傲慢，这是平民百姓之所以能够丰衣足食，健康长寿而且免受刑罚杀戮的原因。粉饰邪恶的学说，美化奸诈的言论，做一些荒诞怪异的事，到处巧取豪夺，放荡凶悍，骄横残暴，靠这些手段在混乱的社会之中苟且偷生，为非作歹，这是奸邪的人之所以遭到危险、侮辱、死亡、刑罚的原因。他们考虑问题不深远，选择人生道路时不谨慎，决定自己的取舍时轻率放纵，这就是他们之所以遭遇危险的原因。

原文

材性知能，君子、小人一也。好荣恶辱，好利恶害，是君子、小人之所同也，若其所以求之之道则异矣。小人也者，疾为诞而欲人之信己也，疾为诈而欲人之亲己也，禽兽之行而欲人之善己也。虑之难知也，行之难安也，持之难立也，成则必不得其所好，必遇其所恶焉。故君子者，信矣，而亦欲人之信己也；忠矣，而亦欲人之亲己也；修正治辨矣，而亦欲人之善己也。虑之易知也，行之易安也，持之易立也，成则必得其所好，必不遇其所恶焉；是故穷则不隐，通则大明，身死而名弥白。小人莫不延颈举踵而愿曰：『知虑材性，固有以贤人矣！』夫不知其与己无以异也，则君子注错之当，而小人注错之过也。故孰察小人之知能，足以知其有余，可以为君子之所为也。譬之越人安越，楚人安楚，君子安雅；是非知能材性然也，是注错习俗之节异也。

译文

在资质、本性、智能、才能四方面，君子、小人是一样的。喜欢光荣而讨厌耻辱，喜好利益而憎恶祸害，这是君子、小人相同的方面，至于他们用来获取光荣、利益的途径，那就不一样了。小人嘛，经常口出狂言却还要别人相信自己，经常做欺诈邪恶的事情却还要别人亲近自己，行为就像禽兽一般却还要别人赞美自己。考虑问题很难做到明智，做起事来很难做到稳妥，自己坚持的一套理论难以成立，结果，必定不能得到他们所喜好的光荣和利益，必然会遭遇到他们所讨厌的耻辱和祸害。至于君子，他们讲诚信，而且也希望别人相信自己；对别人忠诚，而且也希望别人亲近自己；他们品行善良正直且能把各种事情都处理好，也希望别人赞美自己。他们所考虑的问题容易被人理解，所做的事容易稳妥，坚持的主张容易成立，这样，结果必定是他们能得到他们所喜欢的光荣和利益，必定不会遭遇他们所厌恶的耻辱和祸害；因此，他们穷困的时候名声也不会被埋没，显达的时候名声就会非常显赫，死了以后名声会更加彰著。小人没有一个不伸长脖子踮起脚跟羡慕地说："这些人的智能、思虑、资质、本性，本来就有超过别人的地方啊。"其实他们不知道君子的资质才能与自己的并没有什么区别，只是君子的行为举动非常恰当，而小人的行为举措不恰当罢了。因此，仔细地考察一下小人的智慧才能，就能够知道它们完全可以做君子所做的一切。譬如，越国人习惯于生活在越国，楚国人习惯于生活在楚国，君子习惯于美德；这并不是智慧、才能、资质、本性所造成的，这是由于他们的行为举措和风俗习惯的不同而造成的。

原文

仁义德行，常安之术也，然而未必不危也；污僈突盗，常危之术也，然而未必不安也。故君子道其常，而小人道其怪。

诸侯拜禹　夏禹，我国古代传说中的治水英雄，也是我国历史上有名的贤君。在古代，尧、舜、禹，常被作为道德高尚的典范加以称颂。

译文

奉行仁义的德行，是得到长久安宁的办法，然而不一定就不出现危险的情况；污秽卑鄙强取豪夺，是经常遭遇危险的方法，然而不一定不安稳。因此，君子遵循的是正常的途径，而小人遵循的是怪僻的途径。

原文

凡人有所一同：饥而欲食，寒而欲暖，劳而欲息，好利而恶害，是人之所生而有也，是无待而然者也，是禹、桀之所同也；目辨白黑美恶，耳辨音声①清浊，口辨酸咸甘苦，鼻辨芬芳腥臊，骨体肤理辨寒暑疾养，是又人之所常生而有也，是无待而然者也，是禹、桀之所同也。可以为尧、禹，可以为桀、跖，可以为工匠，可以为农贾，在势注错习俗之所积耳。是又人之所生而有也，是无待而然者也，是禹、桀之所同也。为尧、禹则常安荣，为桀、跖则常危辱；为尧、禹则常愉佚，为工匠、农贾则常烦劳。然而人力为此而寡为彼，何也？曰：陋也。尧、禹者，非生而具者也，夫起于变故，成乎修，修之为，待尽而后备者也。

注释

①音声：《礼记·乐记》郑玄注：『宫、商、角、徵、羽，杂比曰音，单出曰声。』

译文

所有的人都有一处相同的地方：饿了就想吃饭，冷了就想穿得暖和些，累了就想休息，喜欢利益而讨厌危害，这是人生来就有的本性，它是不需要依靠什么就会这样的，它是禹、桀相同的地方；眼睛能辨别白黑美丑，耳朵能分辨音声清浊，口舌能辨清酸咸甜苦，鼻子能分辨芳香腥臭，骨肉皮肤能感觉出冷热痛痒，这些都是人生下来就有的资质，是不需要依靠什么就可以感受到的，在这些方面，禹和桀是相同的。如果仅仅凭借这些本性和资质，人们可以成为尧、禹那样的贤君，可以成为桀、跖那样的坏人，可以成为工匠，可以成为农夫、商人，这都是由于行为举措以及习俗的长期积累所造成的。成为尧、禹那样的人，往往感到安全且光荣，成为桀、跖那样的人，往往感到危险且耻辱；成为尧、禹那样的人，往往感到愉悦且安逸，成为工匠、农夫、商人那样的人，往往会觉得麻烦且劳累。但是人们一般都尽力做这种危险耻辱麻烦劳累的事而很少去做那种光荣愉悦的事，为什么呢？答案是：由于人的浅陋无知。尧、禹这种人，并不是生下来就具有当圣贤的资质，而是从改变他原有的本性开始，经过长期的磨炼才成功的，整治身心的所作所为，就是等到原有的本性完全改变之后令人具备圣贤的资质。

原文

人之生，固小人，无师、无法，则唯利之见耳。人之生，固小人，又以遇乱世、得乱俗，是以小重小也，以乱得乱也。君子非得势以临之，则无由得开内焉。今是人之口腹，安知礼义？安知辞让？安知廉耻、隅积？

夏禹

禹是中国古代传说中的圣王。在舜的时候，他奉命治水，用疏序的方法，终于降服了泛滥的洪水。他身为表率，躬新劳苦，『三过家门而不入』，小腿上的汗毛都磨光了，受到人民的拥戴，后来接受舜的禅让，成为夏朝的开朝君主。

亦呥呥而嚧，乡乡而饱已矣。人无师、无法，则其心正其口腹也。今使人生而未尝睹刍豢稻粱也①，惟菽藿糟糠之为睹，则以至足为在此也；俄而粲然有秉刍豢稻粱而至者，则瞲然视之曰：『此何怪也？』彼臭之而无嗛于鼻，尝之而甘于口，食之而安于体，则莫不弃此而取彼矣。今以夫先王之道、仁义之统，以相群居，以相持养，以相藩饰，以相安固邪。以夫桀、跖之道，是其为相县也，几直夫刍豢稻粱之县糟糠尔哉。然而人力为此而寡为彼，何也？曰：陋也。陋也者，天下之公患也，人之大殃大害也。故曰：仁者好告示人。告之示之，靡之儇之，鈆之重之，则夫塞者俄且通也，陋者俄且僩也，愚者俄且知也。是若不行，则汤、武在上曷益？桀、纣在上曷损？汤、武存，则天下从而治；桀、纣存，则天下从而乱。如是者，岂非人之情固可与如此、可与如彼也哉？

注释

①刍豢：吃草料的牛羊等牲畜称为『刍』，吃粮食的猪狗等牲畜称为『豢』，『刍豢』泛指供人食用的家畜，这里用来指肉食。

译文

人生下来的时候从本质上说都是小人，如果没有老师的教诲、

没有法度的制约，就只会看到财利罢了。人生下来的时候本来就是小人，又因为碰上了混乱的世道、习得了昏乱的习俗，这样，就使渺小卑鄙的本性更加渺小卑鄙，使昏乱的资质更加混乱。如果君子得不到统治他们的权势，就没有办法打开他们的心智来给他们灌输好的思想。现在这些人的心里，哪里知道什么礼节道义？哪里知道什么推辞谦让？哪里知道什么廉洁和羞耻、局部和整体的关系？也只是知道慢吞吞地咀嚼食物、香喷喷地吃个饱饭罢了。人如果没有老师教导、没有法度制约，那么他们的灵魂也就完全和他们的嘴巴肠胃一样，只知道吃喝。如果人生下来后从来没有看见过肉食和稻米谷子之类的细粮，只见过豆叶之类的蔬菜和糟糠之类的粗食，那么他们就会认为最令人满意的食物就是这些东西了；但是，如果过了不长时间以后，有个人很明显地拿着肉食和细粮来到这个人跟前，那么，他就会瞪着眼睛惊讶地看着这些美食问道：『这是什么奇怪的东西呀？』他凑上去闻闻它，没闻出来什么不好的味道；张开嘴巴尝尝它，感觉嘴里甜甜的；把它吃了以后，身体感到非常舒服；于是就没有谁不丢弃这些豆叶糟糠之类的粗粮而去求取肉食细粮了。现在，我们是用那古代帝王的治国方法和仁义的纲领来帮助人们协调群体，帮助人们保养身体，帮助人们得到服饰，帮助人们安居乐业呢？还是用那桀、跖的治国方法？这两种办法相差悬殊，难道仅仅是那肉食细粮和糟糠粗粮之间的悬殊吗？但是，人们竭力施行搞桀、跖的这一套道理而很少去施行古代帝王的那一套道理，为什么呢？回答说：这是因为人们的浅陋无知。浅陋无知实在是天下人的通病，是人们的大灾大难啊。因此，我们说：讲究仁义的人喜欢把道理告诉别人、做给别人看。把道理告诉他们，做榜样给他们看，使他们顺从，使他们变得明智，使他们遵循仁义道德，反复地引导他们，那么，那些愚昧闭塞的人很快就会开窍，浅陋无知的人的眼界很快就会变得开阔，愚蠢的人很快就会变得聪明了。这些事情如果不做，那么商汤、武王这样的贤君处在上位又有什么好处呢？夏桀、商纣这样的暴君在上位又有什么害处呢？商汤、周武王在的话，天下就会跟着安定下来；夏桀、商纣在的话，天下便跟着混乱起来。出现这么混乱的情况，难道不是因为人们的性情本来就可以像这样、也可以像那样吗？

原文

人之情：食，欲有刍豢；衣，欲有文绣；行，欲有舆马；又欲夫余财蓄积之富也；然而穷年累世不知不足，是人之情也。今人之生也，方知畜鸡狗猪彘，又畜牛羊，然而食不敢有酒肉；余刀布，有囷窌，然而衣不敢有丝帛；约者有筐箧之藏，然而行不敢有舆马。是何也？非不欲也，几不长虑顾后而恐无以继之故也？于是又节用御欲、收敛蓄藏以继之也，是于己长虑顾后，几不甚善矣哉？今夫偷生浅知之属，曾此而不知也；粮食太侈，不顾其后，俄则屈安穷矣。是其所以不免于冻饿、操瓢囊为沟壑中瘠者也。况夫先王之道，仁义之统，《诗》、《书》、《礼》、《乐》之分乎！彼固天下之大虑也，将为天下生民之属长虑顾后而保万世也；其流长矣，其温厚矣，其功盛姚远矣，非孰修为之君子，莫之能知也。故曰：短绠不可以汲深井之泉，知不几者不可与及圣人之言。夫《诗》、《书》、《礼》、《乐》之分，固非庸人之所知也。故曰：一之而可再也，有之而可久也，广之而可通也，虑之而可安也，反鈆察之而俞可好也。以治情则利，以为名则荣，以群则和，以独则足乐，意者其是邪！

译文

人之常情是：吃饭希望吃美味佳肴；穿衣服希望穿绣着彩色花纹的绫罗绸缎；出行的时候希望有车马代步；又希望富裕得拥有多余的财产和积蓄。即使是这样，他们一年到头、世世代代都不知道满足，这就

是人之常情。因此，现在人们活在世上，才知道饲养鸡狗猪，知道畜养牛羊，但是吃饭时饭桌上不敢摆放酒肉；有多余的钱币，又有粮仓地窖，但是穿衣却不敢穿绫罗绸缎；生活节约的人藏有一箱箱的积蓄，但是出门却不敢坐车马。这是为什么呢？并不是不想要这些奢侈的东西，难道不是作长远打算、考虑到以后而害怕没有什么东西来维持生活的原因吗？于是他们又节省开支、抑制欲望、收敛钱财、贮藏粮食，为了继续维持以后的生活，这种对自己长远考虑、顾及今后生活的做法，难道不是很好的吗？现在那些苟且偷生、浅陋无知的一类人，竟然连这个道理都不懂；他们大量地挥霍粮食，不顾及自己以后的生活，不久就会竭尽自己的财力而陷于困境了。这就是最后他们不免受冻挨饿、拿着讨饭的瓢儿布袋而成为山沟中的饿死鬼的原因。他们都不知道怎么过日子，更何况明白那些古代圣王的治国之道、仁义纲领，以及《诗》、《书》、《礼》、《乐》里的道理呢！那些原则、纲领本来就是治理天下的重大原则，是要为全天下所有的人长远考虑、顾及到后代的生计从而保住子孙万代的原则；它们已经流传了很长时间了，它们的蓄积非常丰富，它们的丰功伟绩非常悠远，如果不是熟悉、精通、学习且实行并且经过长期磨炼的君子，是不会有人理解它们的。因此，我们说：短绳不能用来汲取深井中的水，知识浅陋的人就不能和他谈论圣人的言论。《诗》、《书》、《礼》、《乐》所蕴涵的道理，本来就不是普通人所能理解的。因此说：懂得了其中一本书所蕴涵的道理，就可以精通两本书；全部掌握了它们，就可以长期地运用它们；将它们推广开来，就可以通晓其他一切道理；经常用它们去考虑问题，就可以把事情处理得非常稳妥周全；用它们反复考察事物，就可以把事情办得更好。用它们来陶冶情操，就能从中得到好处；用它们来求取名声，就会得到荣誉；用它们来协调群体之间的关系，就能够和睦融洽；用它们来独自修养身心，那就能从中得到快乐；情况大概就是这样的吧！

更夫

更夫、士卒，都是处在社会最底层的人，能让他们「不自以为寡」，安于本分，可见为君主者仁爱天下，令百姓安乐，社会清明，是为仁人。

夫贵为天子，富有天下，是人情之所同欲也；然则从人之欲，则势不能容，物不能赡也。故先王案为之制礼义以分之，使有贵贱之等，长幼之差，知贤愚、能不能之分，皆使人载其事而各得其宜，然后使悫禄多少厚薄之称，是夫群居和一之道也。

作为天子的尊贵之人，富裕得拥有整个天下，这是人的情感所共同向往的；但是如果放纵人们的欲望，人们的情势是无法相容的，而现有的物质资料又不能满足每个人的欲望。因此，古代圣贤的帝王根据这种状况给人们制定了礼义来区分他们，使人们有高贵与低贱的等级差别，有年长与年幼的年龄差别，有聪明与愚钝、贤能与无能的分别，使他们每个人都能担负起自己的工作而各得其所，然后使俸禄的多少厚薄与他们的地位和他们所担负的工作相称，这就是使人们群居在一起而且关系能协调一致的方法啊。

原文

故仁人在上，则农以力尽田，贾以察尽财，百工以巧尽械器，士大夫以上至于公侯莫不以仁厚知能尽官职，夫是之谓至平。故或

禄天下，而不自以为多；或监门、御旅、抱关、击柝，而不自以为寡。故曰：斩而齐，枉而顺，不同而一。夫是之谓人伦。《诗》曰：『受小共大共，为下国骏蒙。』此之谓也。

译文

因此，仁人处在君主的位子上，那么农民就把自己的全部力量都用在种田上，商人就把自己的精明能干全都用在理财上，工匠就把自己的技能全都用在制造器械上，士大夫以上的官员，一直到公爵、侯爵，他们这些人没有不把自己的仁慈宽厚智慧才能都用在履行公事上，这种情况称作大治。因此，有的人富甲天下，却不认为自己拥有的财富多；有的人看守城门、招待旅客、守卫关卡、打更巡逻，也不认为自己所得到的东西少。所以说：『有了参差才能变得整齐，有了约束才能归于顺从，有了不同才能统一。』这就是人的等级秩序。《诗经》说：『大事小事都遵守法度，庇护各诸侯国平安无事。』说的就是这个道理啊。

原文

假今之世，饰邪说，文奸言，以枭乱天下，矞宇嵬琐，使天下混然不知是非治乱之所存者有人矣。

译文

乘着当今这个时代，粉饰邪恶的学说，美化奸诈的言论，用来扰乱天下，欺骗、迷惑愚昧的百姓，那些诡诈、诡谲、怪异、庸俗的言论使天下的人浑浑噩噩地不知道是非标准、治乱的根源，现在已经有这样的人了。

原文

纵情性，安恣睢，禽兽行，不足以合文通治；然而其持之有故，其言之成理，足以欺惑愚众。是它嚣、魏牟也[①]**。**

注释

①它嚣：人名，生平不详。魏牟：战国时魏国的公子牟，是一个道学家，著录有《公子牟》四篇。

译文

放纵矫情任性，习惯了恣意放荡，行为像禽兽一样，更谈不上合乎礼义、达到对国家的治理；但是他们所持的观点却有根有据，他们言论又很有道理，足以欺骗迷惑愚昧的民众。它嚣、魏牟就是这样的人。

原文

忍情性，綦谿利跂，苟以分异人为高，不足以合大众、明大分；然而其持之有故，其言之成理，足以欺

惑愚众。是田仲、史䲡也。

译文

抑制人的人情本性，偏离大道，离世独行，不遵守道德礼法，以与别人不同为高尚的品质，不能和广大民众融洽相处，不能彰显忠孝道义；但是他们持的观点立论却看似有根有据，他们能把这些立论说得非常有条理，足以欺骗迷惑愚昧的大众。田仲、史䲡就是这样的人。

原文

不知壹天下、建国家之权称，上功用，大俭约而僈差等，曾不足以容辨异、县君臣；然而其持之有故，其言之成理，足以欺惑愚众。是墨翟、宋钘也①。

注释

①宋钘：又称宋荣子，战国时宋国人，思想主张接近墨子，主张『禁攻』，认为少欲是人的本性。

译文

不知道统一天下、建立国家法度的重要性，崇尚功利实用，重视勤俭节约而轻视等级差别，甚至不能区分上下之别、君臣之异；

秤

权秤，即秤与秤锤，是称量重量的器具。建国家之秤，就是要统一天下，建立天下人共有的法度，在先秦时期，唯有统一，才是解决战乱的上佳之法。

但是他们所持的理论却有根有据，他们能把这些理论说得有条有理，足够用来欺骗迷惑愚昧的民众。墨翟、宋钘就是这样的人。

原文

尚法而无法，下修而好作，上则取听于上，下则取从于俗，终日言成文典，反纠察之，则倜然无所归宿，不可以经国定分；然而其持之有故，其言之成理，足以欺惑愚众。是慎到、田骈也[1]。

注释

①田骈：战国时期齐国的道家学者。

译文

推崇法治但又不以礼法为准则，轻视贤能的人又喜欢另搞一套，对上听从君主的主张，对下则顺从世俗的做法，整天谈论制定条文法典，但是，一旦对他们的言行反复考察，就会发现他们的言行远离实际，没有一个着落，不可以用它们来治理国家、确定名分；但是他们所持的理论却有根有据，他们能把这些理论说得有条有理，足以用来欺骗迷惑那些愚昧的民众。慎到、田骈就是这样的人。

原文

不法先王，不是礼义，而好治怪说，玩琦辞，甚察而不惠，辩而无用，多事而寡功，不可以为治纲纪；然而其持之有故，其言之成理，足以欺惑愚众。是惠施、邓析也[1]。

注释

①惠施：战国中期宋国著名的学者，擅长雄辩与推理。邓析：春秋时期郑国刑名学者，善于辩论。

子思

子思，姓孔，名伋，儒家学派代表人物之一。他开启了儒家的心性之论，强调主观努力的作用，其『天人合一』的思想为后世所推崇。

译文

不效法古代圣明的君主，不遵守礼义，而喜欢研究奇怪的言论，玩弄奇异的文辞，认真考察却没有用处，辩解非常动听却不切实际，做了很多事却得到很少的功效，如果这样，这些言论就不可以作为治国的纲领；但是他们所持的理论却有根有据，他们能把这些理论说得有条有理，这就足够可以用来欺骗迷惑愚昧的群众。惠施、邓析就是这样的人。

原文

略法先王而不知其统，然而犹材剧志大，闻见杂博。案往旧造说，谓之『五行』，甚僻违而无类，幽隐而无说，闭约而无解，案饰其辞而祗敬之曰：『此真先君子之言也。』子思唱之，孟轲和之，世俗之沟犹瞀儒嚾嚾然不知其所非也，遂受而传之，以为仲尼、子弓为兹厚于后世。是则子思、孟轲之罪也。

译文

大致上效法古代圣明的君主而不知道他们的治国要领，但是还自以为非常有才华、志向高远、见闻广博。根据以前的旧学说来创建新的学说，并把这种学说称为『五行』，这种理论极为乖僻、违背道理而且不合乎道德礼法，幽深隐微而难以讲出来，晦涩而无法理解，但是还粉饰自己的言论，以庄重的口吻说：『这才是真正的先师孔子的言论啊。』子思倡导它们，孟轲附和它们，世俗中那些愚昧的儒生也在七嘴八舌地谈论，不知道它们的错误之处，于是就接受了这种学说并且把它们传承了下去，以为这种学说是由孔子、子弓创立的，而且这种学说被后世所推崇。这就是子思、孟轲的罪过了。

若夫总方略，齐言行，壹统类，而群天下之英杰，而告之以大道，教之以至顺；奥窔之间，簟席之上，敛然圣王之文章具焉，佛然平世之俗起焉；则六说者不能入也，十二子者不能亲也；无置锥之地，而王公不能与之争名；在一大夫之位，则一君不能独畜，一国不能独容，成名况乎诸侯，莫不愿以为臣。是圣人之不得势者也，仲尼、子弓是也。

至于总括治国的方针策略，统一自己的言行，统一治国的纲纪法度，聚集了很多天下的英雄豪杰，告诉了他们根本的治国原则，教诲他们最正确的道理；在室内、竹席之上，圣明君主的典籍都聚集在这里，那清明时代的风俗在这里蓬勃地兴起。墨翟、孟轲等上述六家学说不能侵入这居室，魏牟、它嚣等十二个人不能接近这讲席。虽然他们没有立足之地，但是王公贵族不能与他们争夺名望；他们虽然只是一个微不足道的大夫，但是他并不是一个诸侯国的国君所能独自驱使的，不是一个国家所能单独容纳的，他们的盛名超过了诸侯，没有一个君主不愿意让他们做自己的臣下。这些人是圣人中没有得到权势的人啊，孔子、子弓就是这样的人。

原文

一天下，财万物，长养人民，兼利天下；通达之属，莫不从服，六说者立息，十二子者迁化。则圣人之得势者，舜、禹是也。

今夫仁人也，将何务哉？上则法舜、禹之制，下则法仲尼、子弓之义，以务息十二子之说。如是，则天下之害除，仁人之事毕，圣王之迹著矣。

统一天下，控制万物，养育人民，使全天下的人民都受益；凡车船所能到达的地方，有人迹的地方，就没有人不顺从的，在这种人面前，上述六种学说立刻停息，十二个人也随着发生转变。这种人是圣人中得到权势的人啊，舜、禹就是这样的人。

在当今时代，讲究道德仁义的人应该做些什么呢？对上应该效法舜、禹的政治制度，对下应该效法孔子、子弓的道德礼义，坚决消除上述十二个人的学说。如果能做到这样，那么天下的祸害就会被消除，仁人的事业就会成功，圣明君主的政绩也就非常显著了。

原文

信信，信也；疑疑，亦信也。贵贤，仁也；贱不肖，亦仁也。言而当，知也；默而当，亦知也。故知默犹知言也。故多言而类，圣人也；少言而法，君子也；多言无法而流湎然，虽辩，小人也。故劳力而不当民务，谓之奸事；劳知而不律先王，谓之奸心；辩说譬谕齐给便利而不顺礼义，谓之奸说。此三奸者，圣王之所禁也。知而险，贼而神，为诈而巧，言无用而辩，辩不惠而察，治之大殃也。行辟而坚，饰非而好，玩奸而泽，

言辩而逆，古之大禁也。知而无法，勇而无惮，察辩而操僻，淫大而用乏，好奸而与众，利足而迷，负石而坠，是天下之所弃也。

译文

相信应该相信的东西，是诚实可信；怀疑应该怀疑的东西，也是诚实可信。尊崇贤能的人，是仁；轻视不贤能的人，也是仁。说得恰当得体，是明智的表现；沉默得恰当，也是明智的表现。因此，懂得在什么情况下沉默不语与懂得说什么话是两种相同的事。所以话说得非常多而且这些话都合乎礼义法度的是圣人；话说得非常少而且合乎礼义法度的人就是君子；说很多不合礼法的话而且放纵自己沉醉在其中，这样，即使说得天花乱坠，也是个小人。因此，耗费心思而不符合百姓要求的事叫做奸邪的事；费尽心思而不遵循古代君主礼义法度的动机叫做奸邪的心机；比喻辩说起来迅速敏捷却不遵循礼义制度的言论叫做奸邪的辩说。这三种奸邪的东西，是圣人所禁止的。生性聪明但是心思险恶，手段狠毒而高超，行为诡诈而非常巧妙，言论不讲究实效却雄辩动听，辩说毫无实际作用而又非常周密，这些是治理国家最大的祸害。行为怪僻而顽固不化，掩饰罪过而且看起来非常巧妙，玩弄权术而且非常圆滑，能言善辩而违背常理，这些行为都是古代严加禁止的。聪明而不守礼义法度，勇敢而肆无忌惮，考察周密而行为怪僻，荒淫奢侈而刚愎自用，喜欢要阴谋诡计而且党羽众多，贪图便利而深陷迷途，身担重任却又坠入深渊，这些行为都是为天下人所抛弃的啊。

兼服天下之心：高上尊贵不以骄人，聪明圣知不以穷人，齐给速通不争先人，刚毅勇敢不以伤人。不知

商纣暴虐

商代的亡国之君纣王，暴虐成性，荒淫无度，滥用酷刑杀戮忠良，连他的叔父比干都因以古代贤君的治国之道相谏而被处死，商纣王最终亡国。

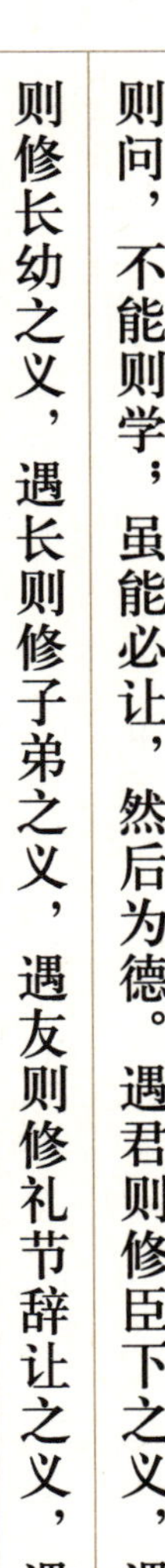

则问，不能则学；虽能必让，然后为德。遇君则修臣下之义，遇乡则修长幼之义，遇长则修子弟之义，遇友则修礼节辞让之义，遇贱而少者则修告导宽容之义。无不爱也，无不敬也，无与人争也，恢然如天地之苞万物。如是，则贤者贵之，不肖者亲之。如是而不服者，则可谓訞怪狡猾之人矣，虽则子弟之中，刑及之而宜。《诗》云：『匪上帝不时，殷不用旧。虽无老成人，尚有典刑。曾是莫听，大命以倾。』此之谓也。

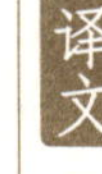

译文

使天下人都对自己心悦诚服的方法是：地位高高在上、职位尊贵显达，但是不会因此就看不起别人；聪慧明智、通情达理，但是不因此就让别人难堪；才思敏捷、领悟能力很强，但是不会因此就在别人面前逞能；刚强坚毅、英勇果敢，但是不因此就伤害别人。不懂就向别人请教，不会就向别人学习；即使自己能做这件事也一定谦让给别人，这样做才算是有道德的人。面对君主就遵循做臣下的道义准则，面对父老乡亲就遵循长幼之间的道义准则，面对父母兄长就遵循子弟的道义准则，面对朋友就遵循礼节谦让的道义准则，面对地位卑贱而年纪又小的人就遵循教导宽容的准则。关爱所有的人，尊敬所有的人，从不与别人发生争执，心胸宽广得就像天地包容世间的万物那样。如果做到这样的话，那么贤能的人就会尊重你，不肖的人也会亲近你。如果能做到这样，但是还有人对你不心悦诚服的话，那么这种人就可以称为妖邪怪诞奸猾的人了，即使这种人是你的孩子或者兄弟，对他们施加刑罚也是应该的。《诗经》说：『并不是上天心地不善良，商纣王不用古时的治国之道，即使没有伊尹那样的人，尚且还有可以效法的法度和准则。但是商纣王竟然连这些都听不进去，所以王朝最终被颠覆。』说的就是这个道理。

古之所谓士仕者，厚敦者也，合群者也，乐可贵者也，乐分施者也，远罪过者也，务事理者也，羞独富者也。今之所谓士仕者，污漫者也，贼乱者也，恣睢者也，贪利者也，触抵者也，无礼义而唯权势之嗜者也。

译文

古时候人们所说的外出做官的官员，是厚道敦实的人，是和群众能够和谐相处的人，重视道德品质的人，是乐意把恩惠施舍给别人的人，是远离犯罪过失的人，是努力研究道理的人，是耻于个人独自富有的人。当今社会我们所说的外出做官的官员，是行为污秽恶劣的人，是为非作歹的乱臣贼子，是恣意放纵自己的人，是贪图私利的小人，是触犯刑法的人，是不讲礼义只知道贪图权势的人。

古之所谓处士者，德盛者也，能静者也，修正者也，知命者也，箸是者也。今之所谓处士者，无能而云能者也，无知而云知者也，利心无足而佯无欲者也，行伪险秽而强高言谨悫者也，以不俗为俗、离纵而跂訾者也。

译文

古时候所说的不外出做官的隐士，是道德高尚的人，是能安分淡然的人，是善良正直的人，是懂得大道理的人，是宣扬正确主张的人。我们现在所说的不外出做官的隐士，是自己没有才能但是吹嘘自己有才能的人，是自己没有学识但是吹嘘自己有学识的人，是贪得无厌却又假装没有贪欲的人，是行为虚伪阴险污秽但是硬要吹嘘自己谨慎忠厚的人，是把不同于社会的习俗作为自己的习俗、背离世人、一意孤行且诋毁别人的人。

原文

士君子之所能不能为：君子能为可贵，不能使人必贵己；能为可信，不能使人必信己；能为可用，不能使人必用己。故君子耻不修，不耻见污；耻不信，不耻不见信；耻不能，不耻不见用。是以不诱于誉，不恐于诽，率道而行，端然正己，不为物倾侧，夫是之谓诚君子。《诗》云：『温温恭人，维德之基。』此之谓也。

译文

士君子能够做到的和不能够做到的是：君子能够做到被人尊重，但是不能让别人一定尊重自己；能够做到忠诚老实而被人信任，但是不能让别人一定信任自己；能够做到被人任用，但是不能让别人一定任用自己。因此，君子把自己品德不高尚当作一种耻辱，而不把被人诬陷当作一种耻辱；把自己不讲诚信当作一种耻辱，而不把不被别人信任看作一种耻辱；把自己无能当作一种耻辱，而不把不被任用当作一种耻辱。所以，君子不被外在的荣誉所诱惑，也不被别人的诽谤所吓倒，遵循道德礼仪来做事，严肃端庄地修正自己的言行，不被外在的事物迷惑得神魂颠倒，这种人才可以称为真正的君子。《诗经》说：『温雅谦恭的人们，

以道德作为言行的基础。』说的就是这种人啊。

士君子之容：其冠进，其衣逢，其容良；俨然，壮然，祺然，蕼然，恢恢然，广广然，昭昭然，荡荡然，是父兄之容也。其冠进，其衣逢，其容悫；俭然，恀然，辅然，端然，訾然，洞然，缀缀然，瞀瞀然，是子弟之容也。

译文

士君子的容貌衣着是这样的：帽子高高的，衣服宽大舒适，面容和善。庄重、严肃、安详、洒脱、豁达、开阔、坦率、开朗，这是父兄的样子。他们的帽子高高的，衣服宽大舒适，面容诚恳。谦卑、温和、亲和、正直、勤勉、恭敬、顺从、拘谨，这是子弟的样子。

原文

吾语汝学者之嵬容：其冠絻，其缨禁缓，其容简连，填填然，狄狄然，莫莫然，瞡瞡然，瞿瞿然，尽尽然，盱盱然。酒食声色之中，则瞒瞒然，瞑瞑然；礼节之中，则疾疾然，訾訾然；劳苦事业之中，则儢儢然，离离然，偷儒而罔，无廉耻而忍謑詢。是学者之嵬也。

译文

我跟你们说说一些学者的丑态：帽子戴得低低的，帽带系得松松垮垮的，面容傲慢自大，装模作样，狂躁不安，或者冷淡沉默，或者眯起眼睛东张西望，或者一副惊慌失措的样子，或者消沉沮丧、一筹莫展的样子，或者冷眉竖眼、一副瞧不起别人的样子。在吃喝玩乐的时候，就神情迷乱，沉醉其中；在需要行使礼节的时候，就烦躁不安，百般抱怨；在做劳苦工作的时候，就懒散懈怠，苟且偷安而无所顾忌，不怕别人的非议，没有廉耻之心，甘愿忍受别人的污辱谩骂。这就是一些学者的丑态。

原文

弟佗其冠，神禫其辞，禹行而舜趋，是子张氏之贱儒也。正其衣冠，齐其颜色，嗛然而终日不言，是子夏氏之贱儒也。偷儒惮事，无廉耻而耆饮食，必曰『君子固不用力』，是子游氏之贱儒也。彼君子则不然。佚而不惰，劳而不優，宗原应变，曲得其宜，如是，然后圣人也。

译文

帽子戴得歪歪斜斜，看着即将要掉下来一样，话说得平淡无味，像大禹那样跛脚走路，像舜那样低头快走，这是子张一派卑贱的儒生。衣帽端正，表情庄重严肃，看起来一副谦逊老实的样子，甚至整天不说话，这是子夏一派卑贱的儒生。苟且活着，胆怯怕事，没有廉耻之心，喜欢吃喝玩乐，还总是说『君子本来就是不用从事体力劳动的人』，这是子游一派卑贱的儒生的丑态。有些君子却不这样。他们虽然生活很安逸但是却不懒散，即使工作劳累也不懈怠，他们的言行能够遵守根本的原则，同时完全能够应付各种事变，各方面都处理得非常妥当，能够做到这些才可以成为圣人。

周公佐成王

周公旦在成王成年之后归政成王，是为臣子的本分。周公承继文武之志，诛杀叛逆，大治天下，令海内归一，天下安乐，并于成王成年后交归权柄，其为政能，为人贤，不愧为『大儒』。

儒效

原文

大儒之效：武王崩，成王幼，周公屏成王而及武王以属天下，恶天下之倍周也。履天子之籍，听天下之断，偃然如固有之，而天下不称贪焉；杀管叔，虚殷国，而天下不称戾焉；兼制天下，立七十一国，姬姓独居五十三人，而天下不称偏焉。教诲、开导成王，使谕于道，而能掩迹于文、武。周公归周，反籍于成王，而天下不辍事周，然而周公北面而朝之。天子也者，不可以少当也，不可以假摄为也。能则天下归之，不能则天下去之。是以周公屏成王而及武王以属天下，恶天下之离周也。成王冠①，成人，周公归周反籍焉，明不灭主之义也。周公无天下矣，乡有天下，今无天下，非擅也；成王乡无天下，今有天下，非夺也；变势次序节然也。故以枝代主而非越也，以弟诛兄而非暴也，君臣易位而非不顺也。因天下之和，遂文、武之业，明枝主之义，抑亦变化矣，天下厌然犹一也。非圣人莫之能为，夫是之谓大儒之效。

注释

①冠：古代的一种礼仪。古代男子，在二十岁的时候行加冕礼，

表示成年。

译文

大儒所起到的作用是：周武王去世的时候，成王还未成年，周公旦拥护成王继承了武王的帝位来统治天下，他这样做是因为他害怕天下的民众会背叛周家王朝。周公登上了天子之位，处理天下的政事，安然自得地就像他本来就应该拥有王权一样，但是天下百姓并不说他贪婪自私；他杀掉了管叔，使殷国国都成了废墟，但是天下人并不说他残暴；他完全控制了天下的大权，在全国各地设置了七十一个诸侯国，其中姬姓诸侯就占了五十三个，但是天下人并不说他不公正。他教诲、开导成王，使成王明白治国的道理，从而能够继承文王、武王的基业，踏着文王、武王的足迹继续前进。成王长大后，周公把天下和王位还给了成王，而天下人并没有因此就不事奉周王朝了，而周公也再次回到臣子的位子上，面向北方朝拜成王。天子这个职位不可以让年幼的人担任，也不可以由别人代理。能担负起这个重任的人，天下人就会归顺于他；不能担负起这个重任的人，天下人就都会背离他而去。所以周公拥护成王继承武王的帝位来统治天下，是担心天下人背叛周王朝。成王行了加冕礼，已经成为成年人，周公便把天下和王位归还给成王，通过这件事来表明他不会灭掉嫡长子的道德礼义。于是周公就失去了统治天下的权力了，以前他拥有天下，现在失掉了天下，这并不是帝位的禅让；成王在年幼时期没有得到天下，但是现在却拥有了天下，这也不是政权的篡夺；这是礼法制度对君权更替的法定次序的制约，确实应该这样。因此，周公以旁支的身份来代替嫡长子执政算不上超越自己的本职身份，以弟弟的身份杀掉兄长管叔也算不上残暴，君臣调换位置算不上不顺。周公凭借天下人齐心协力的努力，最终完成了文王、武王留下来的统一事业，表明了庶子与嫡长子之

间的道义准则，虽然发生了这样的变化，但是天下却始终安定有序。如果不是圣人，就不能够做到这一点，这可以说是大儒所起的作用。

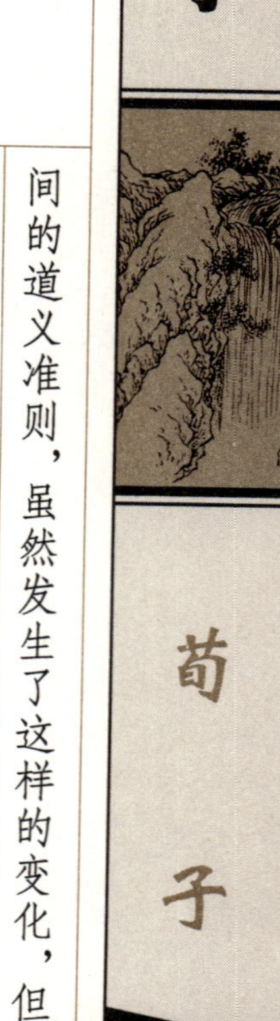

原文

秦昭王问孙卿子曰[①]：『儒无益于人之国？』孙卿子曰：『儒者，法先王、隆礼义、谨乎臣子而致贵其上者也。人主用之，则势在本朝而宜；不用，则退编百姓而悫；必为顺下矣。虽穷困、冻馁，必不以邪道为贪；无置锥之地，而明于持社稷之大义；呜呼而莫之能应，然而通乎财万物、养百姓之经纪。势在人上，则王公之材也；在人下，则社稷之臣、国君之宝也。虽隐于穷阎漏屋，人莫不贵之，道诚存也。仲尼将为司寇[②]，沈犹氏[③]不敢朝饮其羊，公慎氏出其妻[④]，慎溃氏[⑤]逾境而徙，鲁之粥牛马者不预贾，必蚤正以待之也。居于阙党[⑥]，阙党之子弟罔不必分，有亲者取多，孝弟以化之也。儒者在本朝则美政，在下位则美俗。儒之为人下如是矣。』

注释

①秦昭王：即秦昭襄王，名稷，战国时期秦国的国君，秦武王的异母弟弟。孙卿子：即荀况。②司寇：春秋战国时期各国的最高司法官。孔子曾经担任过鲁国的司寇。③沈犹氏：春秋时

化行中都

孔子为司寇前曾为中都宰，在任一年而『四方皆则之』，可见儒者在朝堂之上，则为『社稷之臣、国君之宝』。

鲁国人，据说他常在早晨把羊喂饱水以后再赶到市场上去卖，通过这种做法来欺骗买主。④公慎氏：春秋时期鲁国人，据说他的妻子生活淫乱，但是他却不管。⑤慎溃氏：春秋时期鲁国人，据说他平时荒淫无度，胡作非为。⑥阙党：同『阙里』。地名，孔子的旧居，在今山东曲阜境内。这里表示乡镇的意思。

译文

秦昭王问荀子：『儒者对于国家没有什么好处吧？』荀子回答：『儒者是效法古代帝王、尊崇礼义、谨守自己的职位而且极其敬重他们君主的人。君主如果任用他们，那么他们就会在朝廷有立足之地，而且能够合宜地运用自己的权势；如果不任用他们，那么他们就退出官列重新归入百姓的行列从而老实地做人；无论如何，他们一定是恭顺的臣民。即使他们贫穷困顿、受冻挨饿，也一定不会采取不正当的手段去谋取财利；即使没有立足的地方，也知道维护国家的大义；即使他们大声呼喊也没有人响应，可是他们通晓统治万物、养育民众的纲纪。如果他们的地位权势在别人之上，那他们就是做天子、诸侯的人才；如果他们的地位、权势在别人之下，那他们就是国家的贤臣、君主的宝贵财富。即使他们隐居在偏僻里巷的简陋的破房子中，也没有人不尊重他们，因为在他们手中确实掌握着治国之道。孔子将要担任鲁国司寇的时候，沈犹氏再也不敢在卖羊的当天早晨把自己的羊饮饱了，公慎氏把他淫乱的妻子休掉了，荒淫的慎溃氏越境而逃，鲁国卖牛马的也不再虚定高价了，这些道德败坏的人必先改正以等待孔子。孔子住在阙里的时候，阙里的子弟必定会将捕获的鱼兽分给当地的百姓，有父母亲的人家就多分一些，之所以这么做，是因为孔子用孝悌的道理把他们感化了。儒者在朝廷做官，就能美化朝政；在下面做老百姓，就能美化风俗。儒者

做臣民时就是这样的情况啊。」

原文

王曰：「然则其为人上何如？」孙卿曰：「其为人上也，广大矣。志意定乎内，礼节修乎朝，法则、度量正乎官，忠、信、爱、利形乎下。行一不义，杀一无罪，而得天下，不为也。此君义信乎人矣，通于四海，则天下应之如讙。是何也？则贵名白而天下治也。故近者歌讴而乐之，远者竭蹶而趋之。四海之内若一家，通达之属，莫不从服。夫是之谓人师。《诗》曰：『自西自东，自南自北，无思不服。』此之谓也。夫其为人下也如彼，其为人上也如此，何谓其无益于人之国也？」昭王曰：「善！」

译文

秦昭王问道：「那么儒者位居人上又怎么样呢？」荀子说：「儒者位居人之上，作用就大了。他内心意志坚定，用礼节整饬朝纲，用各种规章制度纠正官府的失误，使忠诚、老实、仁爱、利人等美德体现在民间。哪怕做一件不义的事，杀一个无罪的人，就可以取得天下，他也不会这样干。这样，他的君主具有的道义就会被人民所相信，而且传遍了天下，那么天下的人就会齐声响应他。这是为

四海仰德

儒者位居人之上时，以德教化万民，海内皆服，天下人都来归附，这正是为君者习学儒教的好处。为君者能仁爱天下，不仅使国家昌盛，更是万民之福。

什么呢？是因为他尊贵的名声显赫，受到天下人的仰慕，天下都得到了治理。因此，近处的人歌颂他而且喜爱他，远处的人竭力奔走前来投奔他。四海之内就像一家人一样，凡是车船所到、人迹所到的地方，没有谁不服从他的。这可以称作是人民的表率了。《诗经》说：「从西到东，从南到北，没有不归顺他的。」说的就是这种情况啊。儒者做臣民的时候是前面所说的那种情况，他位居他人之上的时候，就是刚才所说的这种情况。怎么能说他们对于国家没有什么好处呢？」秦昭王说：『说得好。』

原文

先人之道，仁人隆也，比中而行之。曷谓中？曰：礼义是也。道者，非天之道，非地之道，人之所道也。

译文

古代君主的治国之道，是仁人最推崇的，因为古代君主是按照中正之道来实行治国之道的。什么是中正之道呢？回答说：礼义就是这种中正之道。我所谓的道，不是指宇宙的运动规律，也不是指大地的变化规律，而是指人在行动时所要遵守的准则。

原文

君子之所谓贤者，非能遍能人之所能之谓也；君子之所谓知者，非能遍知人之所知之谓也；君子之所谓辩者，非能遍辩人之所辩之谓也；君子之所谓察者，非能遍察人之所察之谓也；有所止矣。相高下，视垸肥，序五种，君子不如农人；通财货，相美恶，辨贵贱，君子不如贾人；设规矩，陈绳墨，便备用，君子不如工人。不恤是非、然不然之情，以相荐撙，以相耻怍，君子不若惠施、邓析。若夫势德而定次，量能而授官，使贤不肖皆得其位，能不能皆得其官，万物得其宜，事变得其应，慎、墨不得进其谈，惠施、邓析不敢窜其

察，言必当理，事必当务，是然后君子之所长也。

君子所说的贤能，并不是指自己能够把别人所能做到的一切都做到；君子所说的智慧，并不是指知道别人所知道的一切；君子所说的善辩，并不是指能够把别人所辩明的一切都辨明；君子所说的明察，并不是指能够观察到别人所观察到的一切；君子的知识才能也是有一定限度的啊。查看土地地势的高低，辨清土质的贫瘠与肥沃，按照时序栽种各种庄稼，君子不如农民熟练；使财物流通，鉴别货物质量的好坏，分清货物的贵贱，君子不如商人熟练；使用圆规、矩尺、绳墨等各种器具，熟练地运用各种器具，君子不如工人熟练。不顾是与非，也不管真实情况是不是这样，互相贬斥抑制，互相欺压凌辱，君子不如惠施、邓析。至于根据评估的德行来确定等级，根据衡量出来的才能来授予官职，使有德与无德的人都能得到应有的位置，有才能与没有才能的人都得到应有的职位，使世间万物都得到适当的处置，各种突发事变都得到很好的处理，使慎到、墨翟不能再发表他们的言论，惠施、邓析不敢再卖弄他们貌似明察的诡辩，言语一定要合乎一定的道理，做事一定要符合别人的要求，这才是君子所擅长的。

凡事行，有益于理者立之，无益于理者废之，夫是之谓中事。凡知说，有益于理者为之，无益于理者舍之，夫是之谓中说。事行失中谓之奸事，知说失中谓之奸道。奸事、奸道，治世之所弃而乱世之所从服也。若夫充虚之相施易也，『坚白』、『同异』之分隔也，是聪耳之所不能听也，明目之所不能见也，辩士之所不能言也，虽有圣人之知，未能偻指也。不知，无害为君子；知之，无损为小人。工匠不知，无害为巧；君子不知，无

害为治。王公好之，则乱法；百姓好之，则乱事。而狂惑、戆陋之人，乃始率其群徒，辩其谈说，明其辟称，老身长子，不知恶也。夫是之谓上愚，曾不如好相鸡狗之可以为名也。《诗》曰：『为鬼、为蜮，则不可得；有靦面目，视人罔极。作此好歌，以极反侧。』此之谓也。

译文

只要是有益于社会治理的事情和行为就可以做，无益于社会治理的就不要做，这叫做正确的立场。只要是有益于社会治理的知识和学说的就施行，无益于治理的就废除，这叫做正确的学说。事情和行为不妥当，就叫做奸邪的事；知识和学说不妥当，就叫做奸邪的学说。奸邪的事和奸邪的学说是太平盛世所抛弃的，却被混乱的社会所推崇。至于世间万物盈和虚的互相转化，『坚白』、『同异』命题的分析，即使是耳朵灵敏的人也听不懂，即使是眼睛明亮的人也看不清，即使是能言善辩的学者也说不明白，即使具有圣人一样的智慧，也不能很快地将它们一一说明。然而，即使不知道这些学说，君子还是君子；即使懂得这些学说，小人还是小人。即使工匠不了解这些学说，也并不妨碍他们掌握技艺；即使卿大夫不懂得这些学说，也不妨碍他们从事政治。但是，如果帝王、诸侯喜欢这些学说，就会乱了法度；如果老百姓喜欢这些学说，就会把他们的事情搞乱。可是，那些狂妄糊涂、愚昧肤浅的人，却带着他们那一伙门徒，为他们的主张学说大加辩护，阐述他们的比喻引证，一直到自己衰老、孩子长大，他们也不厌倦。这可以说是愚昧到极点的人，他们的名声甚至还不如为给鸡狗治病的人。《诗经》说：『你是鬼，你作怪，无法看清楚你的本来面目；你不知羞耻，与人相距无边际。作这首好歌传唱一下，用来揭穿你的反复无常。』说的就是这种人啊。

帝尧德治

帝尧、帝舜是古代的贤王、至贵之人，普通人通过习学儒术，有治理天下之志，获得包容天下的仁心，安抚天下之力，就可成为尧舜那样的贵人，这就是『学』的好处。

原文

我欲贱而贵，愚而智，贫而富，可乎？曰：其唯学乎。彼学者：行之，曰士也；敦慕焉，君子也；知之，圣人也。上为圣人，下为士君子，孰禁我哉？乡也，混然涂之人也，俄而并乎尧、禹，岂不贱而贵矣哉？乡也，效门室之辨，混然曾不能决也，俄而原仁义，分是非，图回天下于掌上而辨白黑，岂不愚而知矣哉？乡也，胥靡之人，俄而治天下之大器举在此，岂不贫而富矣哉？今有人于此，屑然藏千溢之宝，虽行貣而食，人谓之富矣。彼宝也者，衣之，不可衣也；食之，不可食也；卖之，不可偻售也。然而人谓之富，何也？岂不大富之器诚在此也？是杅杅亦富人已，岂不贫而富矣哉？

译文

我想由卑贱变成高贵，由愚昧变成聪明，由贫穷变成富有，行吗？回答说：可能唯一的办法就是学习啦。那些学习的人学了以后能遵行的，就可以称为士人；勤奋努力学习的，就是君子；对学到的东西非常精通的，就是圣人。学得最好的成为圣人，学得一般的也可以成为士人、君子，谁能阻挡我上进呢？以前，生活得混混沌沌，是个走在路上不会被别人认出的普通人，没过多久，就可以和

尧、禹这样的贤君相提并论了，这难道不是由卑贱变得高贵了吗？以前，询问他门外和室内的礼节有什么不同这个问题，他竟然糊涂到不能判断，没过多久，他就能追溯仁义的本源，辨别是非，把天下的事运转于手掌之中，就像辨别黑白一样容易，这难道不是由愚昧变得明智了吗？以前，是个一无所有的人，没过多久，他很快就掌握了治理天下的重要手段，这难道不是由贫穷变得富有了吗？现在如果有一个人在这儿，他收藏了很多价值千金的宝贝，那么即使这个人依靠外出乞讨来生活，人们还是说他非常富有。他的那些宝贝，穿它吧，不能穿；吃它吧，不能吃；把它卖了吧，又不能很快地卖出去。然而人们却说他非常富有，这是因为什么呢？难道不是因为他确实拥有许多非常值钱的宝器吗？由此看来，那种知识渊博的学者也是富有的人，这难道不是由贫穷变得富有了吗？

原文

故君子无爵而贵，无禄而富，不言而信，不怒而威，穷处而荣，独居而乐，岂不至尊、至富、至重、至严之情举积此哉？故曰：贵名不可以比周争也，不可以夸诞有也，不可以势重胁也，必将诚此然后就也。争之则失，让之则至；遵道则积，夸诞则虚。故君子务修其内而让之于外，务积德于身而处之以遵道。如是，则贵名起之如日月，天下应之如雷霆。故曰：君子隐而显，微而明，辞让而胜。《诗》曰：『鹤鸣于九皋，声闻于天。』此之谓也。

译文

因此，君子即使没有爵位，地位也很尊贵，即使没有俸禄也很富有，即使不善言谈也被别人信任，即使不发怒，脸色看起来也很威严，即使处境窘困也感到很荣耀，即使孤独地生活也感到很快乐，这难道不是因为那最尊贵、最富有、最诚实、最威严的东西都聚集在他这里了吗？所以说：尊贵的地位，不是靠结

党营私争得的，不是靠炫耀吹牛得到的，不是靠权势地位掠夺到的，一定要在学习上确实下了苦功夫，才能成就这些辉煌。与人争夺名誉就会丧失自己原有的名誉，对名誉不争不抢反而会得到名誉；遵循正确的道义就能使名誉得到积累，炫耀吹牛反而会落空。因此，君子注重自己内在的修养，行为上则表现出谦虚辞让的美德，注重自身德行的积累，遵循正确的道义去处理事情。如果能这样做，那么显赫的名声就会像太阳月亮从东方升起一样，天下人就会像雷霆那样响应他。因此，我们说君子即使隐居不仕，地位也会显赫，即使地位卑微也会感到荣耀，即使谦虚退让也会做得比别人好。《诗经》说：『仙鹤在遥远的沼泽地鸣叫，叫声会一直传到云霄。』说的就是这种情况啊。

鄙夫反是。比周而誉俞少；鄙争而名俞辱；烦劳以求安利，其身俞危。《诗》曰：『民之无良，相怨一方。受爵不让，至于己斯亡。』此之谓也。

鄙陋浅薄的人的言行正好与君子相反。他们结党营私，但是同伙却越来越少；卑鄙无礼地去与人争夺名利，名声因此而越来越臭；竭尽全力去追求安逸的生活与个人利益，但是自身的处境却越来越危险。《诗经》说：『小人的心地不善良，他们互相责怪怨恨另一方。争取爵位的时候毫不谦让，一直到自己遇上灾祸。』说的就是这种人啊。

原文

故能小而事大，辟之是犹力之少而任重也，舍粹折无适也。身不肖而诬贤，是犹伛身而好升高也，指其

孔子乘辂

孔子是儒家学派的创始人，古来备受赞誉的圣人。他倡导仁爱，遵从礼法，明辨是非，他在鲁国为官期间平和爱民，团结百姓，尽心辅佐君王，正是圣人之行。

顶者愈众。故明主谲德而序位，所以为不乱也；忠臣诚能，然后敢受职，所以为不穷也。分不乱于上，能不穷于下，治辩之极也。《诗》曰：『平平左右，亦是率从。』是言上下之交不相乱也。

译文

因此，能力小反而去做大事，这就好像是力气小而担子重一样，除了会把骨头压碎、把腰折断，就没有别的后果了。自己不贤能反而妄称自己很贤能，这就好像是弯腰驼背却喜欢抬高自己一样，指着他的头顶笑话他的人就会越来越多。因此，贤明的君主评定各位臣子的德行，并且以德行来安排职位，这样做，是为了避免乱加任用；忠诚的臣子的确有能力，然后才敢接受官职，之所以这样做是为了不使自己生活陷入困境。君主妥善地安排职位但是不乱来；臣子有能力胜任这个官职，从而使自己不至于陷入困境，这是治理国家的最高境界了。《诗经》说：『君主公平对待身边的臣子，大家就会遵从君主的命令而不是违反君主的命令。』这是说君臣上下之间的关系不能乱啊。

原文

以从俗为善，以货财为宝，以养生为己至道，是民德也。行法

至坚，不以私欲乱所闻，如是，则可谓劲士矣。行法至坚，好修正其所闻，以矫饰其情性；其言多当矣，而未谕也；其行多当矣，而未安也；其知虑多当矣，而未周密也；上则能大其所隆，下则能开道不己若者：如是，则可谓笃厚君子矣。修百王之法，若辨白黑；应当时之变，若数一二；行礼要节而安之，若生四枝；要时立功之巧，若诏四时；平正和民之善，亿万之众而博若一人：如是，则可谓圣人矣。

把遵从固有的习俗作为美德，把货物钱财当作宝贝，把保养自己的身体作为自己的最高行为准则，这是普通百姓的德行。行为合乎法度，意志坚定，不因为个人的喜好而歪曲自己所听到的事情，如果一个人能够这样做，这个人就可以称得上是正直的士人了。在行为上很坚定地遵循法度，喜欢改变自己所听到的事情来矫正自己的情感脾性；他的言论大部分是恰当的，但是还没有完全说清楚；他的行为大部分是恰当的，但是还没有完全踏实稳妥；他的想法大部分是恰当的，但还不够周密详细；对上，他能发扬光大他所推崇的礼义，对下，能开导不如自己的人：如果能这样做，他就可以称得上是一个诚实忠厚的君子了。致力于学习历代帝王的礼义法度，就像分辨黑白一样清楚；应对时事的变化，就像数一二那样容易；奉行礼义遵守礼节，把做这种事情当作再平常不过的事情，就像平时伸展四肢一样自如；抓住时机建立功绩的技巧，就像知晓四季的到来一样准确；稳定政局、安定百姓，使亿万群众团结得像一个人一样：如果能这样做，就可以称得上圣人了。

原文

井井兮其有理也，严严兮其能敬己也，分分兮其有终始也，厌厌兮其能长久也，乐乐兮其执道不殆也，

昭昭兮其用知之明也，修修兮其用统类之行也，绥绥兮其有文章也，熙熙兮其乐人之臧也，隐隐兮其恐人之不当也：如是，则可谓圣人矣。

做事井然有序、有条不紊，看起来威风凛凛，这样能使自己不会受到别人的侵犯，做事坚定不移，有始有终，对自己的生活心满意足，所以能得到长久的安稳，满腔热忱，坚守道义不懈怠，运用智慧洞察一切，多英明啊，一丝不苟，实施礼法并且严格遵行礼法，安泰自若，掌握礼义制度有根有据，温和快乐，喜欢别人的美好言行，忧心忡忡，害怕别人的行为违反礼义：能够做到这样的人就可以称得上圣人了。

原文

此其道出乎一。曷谓一？曰：执神而固。曷谓神？曰：尽善挟洽之谓神，万物莫足以倾之之谓固，神固之谓圣人。

译文

圣人的行事之道出于专一。什么是专一？就是掌握着神明而且使它稳固。什么叫做神明？回答说：能使天下尽善尽美和谐统一的治国方法叫做神明，任何事物都不能使之倾斜改变的叫做稳固，用最完备、最美好的办法治理国家而且不使国家被任何事物动摇的人叫做圣人。

原文

圣人也者，道之管也。天下之道管是矣，百王之道一是矣，故《诗》、《书》、《礼》、《乐》之归是矣。《诗》言是，其志也；《书》言是，其事也；《礼》言是，其行也；《乐》言是，其和也；《春秋》言是，其微也。

故《风》所以为不逐者[1]，取是以节之也；《小雅》[2]之所以为小雅者，取是而文[3]之也；《大雅》之所以为大雅者，取是而光之也；《颂》[4]之所以为至者，取是而通之也。天下之道毕是矣。乡是者臧，倍是者亡。乡是如不臧、倍是如不亡者，自古及今，未尝有也。

注释

①《风》：即《国风》，是《诗经》的一部分。收录了各地的土风歌谣，所以称为『风』。逐：原意指追赶，这里指为了追赶时髦而追随歪风邪气。②《小雅》：也是《诗经》的一部分，雅收录了朝廷的正声雅乐，再分为《小雅》和《大雅》。『雅』是正的意思。③文：指润饰，使其有文采。④《颂》：是《诗经》的一部分，它记录的是宗庙祭祀的舞曲。

译文

圣人身上汇总了天下所有的道。天下的道都汇总在他这里了，历代圣明君主的道都汇总在圣人这里，因此，《诗》、《书》、《礼》、《乐》的道也都汇总到他这里了。《诗经》表达了圣人的心意；《书经》表达的是圣人的政事；《礼经》表达的是圣人的行为；《乐经》表达的是圣人的和谐思想；《春秋》表达的是圣人的微言大义。所

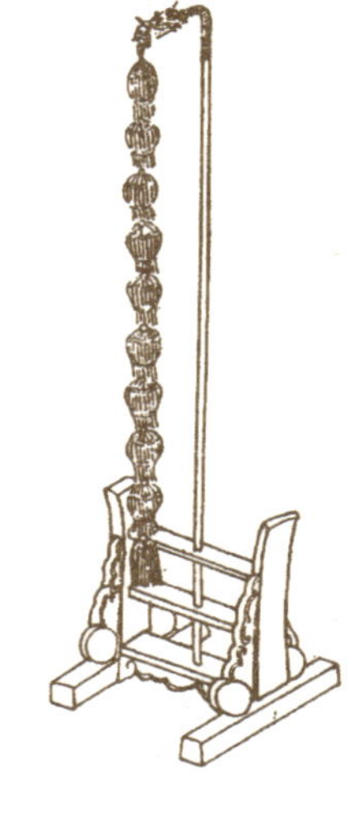

祭祀中和韶舞节

祭祀是我国古代告慰神灵、祖先的仪式，《颂》是我国周代所辑的祭祀舞曲集，里面蕴含了很多治国安邦、惠爱天下的道理。

以，《国风》之所以内容不淫荡，是因为道节制它的原因；《小雅》之所以称为小雅，是因为道润饰了它的原因；《大雅》之所以称为大雅，是因为道把他发扬光大了的缘故；《颂》之所以被称为至高无上的作品，是因为道把它贯通了的缘故。天下的道完全汇总在这里了。顺从道就会有美好的结果，背离它就会遭到灭亡。顺从道而没有好结果、违背道不会遭到灭亡，这种事情，从古到今，还不曾有过。

客有道曰：『孔子曰：「周公其盛乎。身贵而愈恭，家富而愈俭，胜敌而愈戒。」』应之曰：『是殆非周公之行、非孔子之言也。武王崩，成王幼，周公屏成王而及武王，履天子之籍，负扆而坐，诸侯趋走堂下。当是时也，夫又谁为恭矣哉？兼制天下，立七十一国，姬姓独居五十三人焉；周之子孙，苟不狂惑者，莫不为天下之显诸侯。孰谓周公俭哉？武王之诛纣也，行之日以兵忌，东面而迎太岁，至汜而泛，至怀而坏，至共头而山隧。霍叔惧曰：「出三日而五灾至，无及不可乎？」周公曰：「刳比干而囚箕子，飞廉、恶来知政，夫又恶有不可焉？」遂选马而进，朝食于戚，暮宿于百泉扆，厌旦于牧之野。鼓之而纣卒易乡，遂乘殷人而诛纣。盖杀者非周人，因殷人也，故无首虏之获，无蹈难之赏。反而定三革，偃五兵，合天下，立声乐，于是《武》、《象》起而《韶》、《护》废矣。四海之内，莫不变心易虑以化顺之。故外阖不闭，跨天下而无蕲。当是时也，夫又谁为戒矣哉？』

有人说：『孔子说：「周公的品德非常高尚。他身份高贵而越谦逊有礼，家里富有而越节约简朴，战胜敌人而越警惕。」』荀子对答说：『这大概不是周公的行为、也不是孔子所说的话吧。武王去世的时候，成王还未成年，周公拥护成王继承了武王帝位，登上了天子的宝座，背靠屏风面向南而立，诸侯在堂下恭敬地小步快跑前来朝见他。在这个时候，他又对谁谦恭了呢？他完全控制了天下，设立了七十一个诸侯国，其中姬姓诸侯就独占了五十三个诸侯国；周族的子孙，如果不是发疯糊涂的人，没有一个不是天下显贵的诸侯。谁说周公节俭呢？武王讨伐商纣王的时候，出兵那天正好是兵家禁忌的日子，向东进军，冲犯了太岁，到达汜水河水泛滥，到达怀城城墙倒塌，到达共头山岩崩落。霍叔恐惧地说：「只是出兵三天就已经遇到了五次灾祸，恐怕不宜出兵吧。」周公说：「纣王对比干施以酷刑，将其剖腹挖心，还囚禁了箕子，任用飞廉、恶来当政，我们又为什么不可以出兵呢？」于是挑选了良马组成马队继续前进，早晨在戚地吃饭，晚上在百泉宿营，第二天黎明来到牧野。击鼓进攻，纣王的士兵掉转方向倒戈起义了，于是就利用商王朝的士兵而杀了纣王。原来杀死纣王的并不是周朝的人，而是凭借了商朝的人，因此，周朝的将士没有缴获首级、俘虏，也没有因为冲锋陷阵而得到的奖赏。周国的军队回朝以后停止制造盔甲，放下了手中的兵器，汇合天下诸侯，创作乐曲，于是，《武》、《象》等乐曲兴起而《韶》、《护》等乐曲被废弃了。天下之人没有不转变思想来归顺周朝的。所以，家家不关大门，走遍天下也没有什么边界。在这个时候，他又对谁加以警惕了呢？」

造父[1]者，天下之善御者也，无舆马则无所见其能；羿[2]者，天下之善射者也，无弓矢则无所见其巧；大儒者，善调一天下者也，无百里之地则无所见其功。舆固马选矣，而不能以至远、一日而千里，则非造父也；弓调矢直矣，而不能以射远、中微，则非羿也；用百里之地，而不能以调一天下、制强暴，则非大儒也。

穆王环理

周穆王是我国历史上最富神州色彩的君王之一，他喜好游历，造父是他的御者。传说造父在桃林得到八匹好马，训练好之后献给周穆王。周穆王让造父驾车，四处打猎游玩。一次西行至昆仑山，见西王母，乐而忘反，此时传来徐偃王造反的消息，造父驾车日驰千里，使周穆王迅速回到镐京，及时平定了叛乱。

注释

①造父：传说是周穆王的车夫，以善于驾驭车马著称。②羿：夏代东夷族有穷氏（居于今山东德州市南）的部落首领，所以又称夷羿、后羿，以善于射箭而著称，射技很高，据说射掉了九个太阳。

译文

造父是以善于驾驭车马而著称于天下的人，但是，没有车马就不能表现出他的才能。后羿是以善于射箭而著称于天下的人，但是，没有弓箭就不能表现出他的高超箭术；伟大的儒者是善于统一治理天下的人，但是没有方圆百里的国土就无法显示出他的功劳。如果车子坚固、马匹优良但是却不能驾它来到达很远的地方，不能一日行千里，那这个驾车的车夫就不是造父那样高明的驭手了；如果弓调好了、箭直了，却不能用它来射中远处微小的目标，那这个弓箭手就不是后羿那样高明的身手了；百里见方的领土，却不能靠他的治国之理来统一治理天下、制服强暴的国家，那这个君主就不是伟大的儒者了。

原文

彼大儒者，虽隐于穷阎漏屋，无置锥之地，而王公不能与之争名；在一大夫之位，则一君不能独畜，一国不能独容，成名况乎诸侯，莫不愿得以为臣；用百里之地，而千里之国莫能与之争胜；笞棰暴国，齐一天下，而莫能倾也：是大儒之征也。其言有类，其行有礼，其举事无悔，其持险、应变曲当；与时迁徙，与世偃仰，千举万变，其道一也：是大儒之稽也。其穷也，俗儒笑之；其通也，英杰化之，嵬琐逃之，邪说畏之，众人愧之。通则一天下，穷则独立贵名。天不能死，地不能埋，桀、跖之世不能污，非大儒莫之能立，仲尼、子弓是也。

译文

那些伟大的儒者，即使隐居在偏僻的里巷与简陋的房子中，贫困得没有站立的地方，其他天子和诸侯也没有和他竞争名望的能力；虽然他只是一个小小的大夫的，但他也不是任何一个诸侯国的国君就能单独任用役使的，不是任何一个诸侯国就能单独容纳的，他的盛名比诸侯更加有名，各个诸侯没有一个不愿意让他来做自己的臣子的；如果他统辖方圆百里的封地，那么没有一个千里见方的国家能胜过他；他鞭挞施行暴政的国家，统一天下，没有哪个诸侯能推翻他的统治：这些都是伟大的儒者所具备的特征。他的话语合乎法度，他的行为合乎礼义，他办事能力很强，没有出现由于失误而引起的悔恨，他处理危险的局面、应付突发的事变，处处都做得非常恰当；他顺应时世的变化，随着时代的变化而变化，即使实施上千种举措，遇到上万次变化，他也始终如一地奉行自己的原则：这是伟大的儒者的考核标准。当他陷入贫困失意的境地时，庸俗的儒者会讥笑他；当他显达得志的时候，英雄豪杰都会受到他的感化而前来归顺他，怪异鄙陋

董仲舒

董仲舒，汉代大儒。汉武帝采纳了他“罢黜百家，独尊儒术”的主张，并加以重用，使得汉代儒教大行，天下人知礼仁爱，汉朝国力强盛。

的人都躲避他，坚持异端邪说的人都畏惧他，一般民众都感到有愧于他。他显达得志了就能统一天下，处于困境时就独自树立好的名声。上天不能使他灭亡，大地不能把他埋葬，桀、跖时代不能使他污浊，不是伟大的儒者就不能这样起这么大的榜样作用，孔子、子弓就是这样的人。

故有俗人者，有俗儒者，有雅儒者，有大儒者。不学问，无正义，以富利为隆，是俗人者也。逢衣浅带，解果其冠，略法先王而足乱世；术缪学杂举，不知法后王而一制度，不知隆礼义而杀《诗》、《书》；其衣冠行伪已同于世俗矣，然而不知恶者；其言议谈说已无以异于墨子矣，然而明不能别；呼先王以欺愚者而求衣食焉，得委积足以掩其口，则扬扬如也；随其长子，事其便辟，举其上客，億然若终身之虏而不敢有他志：是俗儒者也。法后王，一制度，隆礼义而杀《诗》、《书》；其言行已有大法矣，然而明不能齐法教之所不及、闻见之所未至，则知不能类也；知之曰知之，不知曰不知，内不自以诬，外不自以欺，以是尊贤畏法而不敢怠傲：是雅儒者也。法先王，统礼义，一制度，以浅持博，以古持今，以一持万；苟仁义之类也，虽在鸟兽

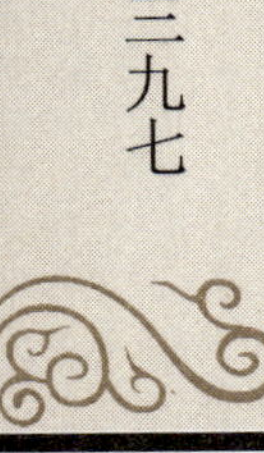

之中，若别白黑；倚物怪变，所未尝闻也，所未尝见也，卒然起一方，则举统类而应之，无所儗作；张法而度之，则晻然若合符节：是大儒者也。故人主用俗人，则万乘之国亡。用俗儒，则万乘之国存。用雅儒，则千乘之国安。用大儒，则百里之地久，而后三年，天下为一，诸侯为臣；用万乘之国，则举错而定，一朝而伯。

译文

所以，有庸俗的人，有庸俗的儒者，有高雅的儒者，有伟大的儒者。不学习请教以提高自己的学识，不追求正义，把追求财富利益当作自己的最终目标，这样的人是庸俗的人。穿着蓬松宽大的衣服，束着宽阔的腰带，戴着高高的帽子，稍微地模仿古代圣明的君主，这样做只能用来扰乱当今社会；学习一些荒谬的东西，杂乱无章地做一些事情，不懂得效法后代的帝王却想统一制度，不知道把礼义放在最高地位，降低《诗》、《书》的地位；他的衣着行为已经与世俗之人没有什么不同了，但是却不知道厌恶自己；他的言谈议论已经与墨子没有什么区别了，但是他的智慧却不能够分辨事物的优劣；他称颂古代圣王，欺骗愚昧无知的百姓，以此向他们求取衣食，得到一点积蓄用来养家糊口，这个时候，他就得意洋洋了；跟随公卿贵人之子，侍奉他们的亲信，吹捧他们的座上客，整日生活得提心吊胆，好像自己是终身在官府为奴的奴隶，不敢有其他的思想：这是庸俗的儒者。效法后代的君王，统一制度，推崇礼义但贬低《诗》、《书》的地位；他的言行已经符合最高的法规了，但是他的智慧却不能解决法制教令还没有涉及的地方，对于自己的主张所没有影响到的地方，他的智慧也不能触类旁通，但是，懂的东西就说懂，不懂的就说不懂，对内不用虚假的消息欺骗自己，对外不欺骗人，并且按照这种观念来尊重贤人、畏服法令，而且不敢懈怠骄傲：这是正直的儒者。效法古代的圣明君王，总括礼义，统一制度，用浅显易懂的道理去把握广博的知识，根据古代的情况把握现在的实际情况，用个别的事物把握万物；只要是合乎仁义的事情，哪怕它存在于鸟兽之中，也能像辨别黑白一样把它分辨出来；怪异的事物、奇异的变化，虽然从来没有听说过，从来没有看到过，它突然发生在某一个地方，也能用纲纪来应付它，而且不会迟疑，不会感到不安，用法度来衡量一切事物，就像符节一样完全相合：这就是伟大的儒者。因此，君主如果任用庸俗的人，那么，即使拥有万辆兵车的大国也会灭亡。如果任用了庸俗的儒者，那么仅能保存拥有万辆兵车的大国。如果任用了正直的儒者，那么就是拥有千辆兵车的小国也能安定。如果任用了大儒，那么即使只有方圆百里土地的国家也能长久，以后三年，能够统一天下，诸侯就会前来称臣；如果任用大儒来治理拥有万辆兵车的大国，那么他一定会采取措施平定天下，很快就能声名显赫、名扬天下。

不闻不若闻之，闻之不若见之，见之不若知之，知之不若行之。学至于行之而止矣。行之，明仁义，当是非，齐言行，不失毫厘①，无它道焉，已乎行之矣。故闻之而不见，虽博必谬；见之而不知，虽识必妄；知之而不行，虽敦必困。不闻不见，则虽当，非仁也，其道百举而百陷也。

注释

①毫厘：古代一种长度单位，十丝为一毫，十毫为一厘，十厘为一分，十分为一寸。这里比喻数量非常少。

没有听到不如听到，听到不如看到，看到不如了解，了解不如应用到实际中。学习达到应用就是到了

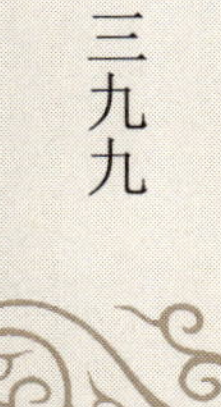

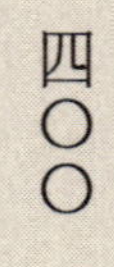

顶点。能应用，才能彻底地明白事理，彻底地明白了事理就是圣人。所谓圣人，就是能够以仁义为根本，能够恰当地判断是非，能够使言行保持一致，不出现丝毫的差错，这并没有别的道理，最终就在于他能把学到的理论付诸于实践行动而已。因此听到了而没有看到，即使听到了很多，也必然存在谬误；见到了而不了解，即使记住了，也必然有错误；理解了而不应用，即使了解的知识非常丰富，也必然会感到很困惑。不去听，不去看，即使偶尔做对了，也不合乎仁德，这种办法使用一百次就会失败一百次。

故人无师无法而知则必为盗；勇则必为贼；云能则必为乱；察则必为怪；辩则必为诞。人有师有法而知则速通；勇则速威；云能则速成；察则速尽；辩则速论。故有师法者，人之大宝也；无师法者，人之大殃也。

因此，人如果没有老师、不懂得法度而非常聪明的话，他就一定会做出偷窃的事情；如果他勇敢，就一定会成为贼寇；如果有才能，就一定会为非作歹；如果明察，就一定会搞奇谈怪论；如果善辩，就一定会荒诞无耻。人如果有了老师、懂得了法度，如果非常聪慧，就会很快变得通达显赫；如果勇敢，很快就会变得威武；如果有才能，很快就会获得成功；如果明察，很快就会理解一切事理；如果善辩，很快就能决断疑难问题。所以有老师、懂法度，是人们的一大财富；没有老师、不懂法度，是人们的一大灾祸。

人无师法，则隆性矣；有师法，则隆积矣；而师法者，所得乎情，非所受乎性，不足以独立而治。性也者，吾所不能为也，然而可化也；情也者，非吾所有也，然而可为也。注错习俗，所以化性也；并一而不二，

山高海阔

积累土石可以成高山，积累水流可以为大海。世间万物，若要成其伟大，唯有慢慢积累，而美好的德行也是如此，因此，若要成为圣人，唯有『积善』一途。

所以成积也。习俗移志，安久移质；并一而不二，则通于神明，参于天地矣。

因此，一个人如果没有老师、不懂法度，就会更加放纵人的本性；有了老师、懂了法度，就会使人通过后天学习教育所积累的教养更加深厚；而师长、法度，是从合乎礼义的高尚情操中习得的，并不是来自人的先天的本性，因此人也不能依靠自我进行完善。本性这种东西不是我们所能造就的，但是，它却可以通过教育学习来改变；积习不是我们所固有的，却可以造就。举止习俗可以使人的本性发生转变。只要专心致志地而不是三心二意地学习，就会逐步养成一种习惯风俗。风俗习惯能使人的思想发生转变，长时间地安于一种习俗就会改变人的本质；专心致志而不三心二意地学习，就能达到智慧的最高层，可以与天地相并列了。

故积土为山，积水而为海，旦暮积谓之岁，至高谓之天，至下谓之地，宇中六指谓之极[1]，涂之人百姓积善而全尽谓之圣人。彼求之而后得，为之而后成，积之而后高，尽之而后圣。故圣人也者，

人之所积也。人积耨耕而为农夫，积斫削而为工匠，积反货而为商贾，积礼义而为君子。工匠之子莫不继事，而都国之民安习其服，居楚而楚，居越而越，居夏而夏。是非天性也，积靡使然也。

注释

①宇：空间。六：指上、下、东、南、西、北六个方向。

译文

所以，堆积泥土形成高山，积聚水流就可以形成大海，一朝一夕积累起来称为年，最高的叫做天，最低的叫做地，宇宙中最远的六个方向称为极，道路上的普通百姓积累自己的善行从而达到了尽善尽美的程度，能做到这样的人就叫做圣人。这些事物都是经过努力的追求才能得到的，凡事只有努力做了以后才会取得成功的，只有通过不断的积累才变得高超，达到尽善尽美的程度以后才会变得圣明。因此，圣人实际上是德行积累达到尽善尽美程度以后的普通人。普通人积累了锄草耕地的本领就可以成为农夫，积累了砍削树木的技巧就可以成为工匠，积累了贩卖货物的经验就可以成为商人，积累了合乎礼义的道德行为就可以成为君子。工匠的儿子没有一个不继承父亲的事业，而国都里的百姓都习惯了本地的风俗习惯，人生活在楚国就像楚国人那样生活，人生活在越国就像越国人那样生活，人生活在中原各国就像中原各国的人一样生活。这不是人的天生本性，而是后天的长期的磨炼使他们这样的啊。

原文

故人知谨注错，慎习俗，大积靡，则为君子矣；纵情性而不足问学，则为小人矣。为君子，则常安荣矣；为小人，则常危辱矣。凡人莫不欲安荣而恶危辱，故唯君子为能得其所好，小人则日徼其所恶。《诗》曰：

『维此良人，弗求弗迪；维彼忍心，是顾是复。民之贪乱，宁为荼毒？』此之谓也。

译文

因此，人懂得谨慎地安排自己的行为，小心谨慎地对待风俗习惯，加强道德行为的积累和磨炼，就能成为君子；如果放纵自己的本性而不注重学习，就会成为小人。成为君子，就常常会得到安宁与荣誉；成为小人，就经常会遭遇危险和耻辱。只要是人，没有不希望得到安宁、荣誉，而厌恶危险、耻辱的，但是只有君子才能得到他所喜欢的东西，小人每天都会招致他所厌恶的东西。《诗经》说：『有这样善良的人，你不寻访不任用；那些心地残忍的人，你却照顾庇护。民众图谋造反，谁甘愿受这样的残害？』说的就是这个道理。

原文

人论：志不免于曲私，而冀人之以己为公也；行不免于污漫，而冀人之以己为修也；甚愚陋沟瞀，而冀人之以己为知也。是众人也。志忍私，然后能公；行忍情性，然后能修；知而好问，然后能才：公、修而才，可谓小儒矣。志安公，行安修，知通统类：如是则可谓大儒矣。大儒者，天子三公①也；小儒者，诸侯大夫、士也；众人者，工、农、商贾也。礼者，人主之所以为群臣寸、尺、寻、丈检式也。人伦尽矣。

注释

①三公：辅助君主掌握国家大权的最高官员，各个朝代的名称各不相同，周朝为太师、太傅、太保。

译文

人的类别：思想上没有消除偏邪自私，却希望别人认为自己大公无私；行为上没有摆脱污秽肮脏，却

灵公问陈

卫灵公曾以军旅事问孔子，孔子对曰：『未之学也。』是以孔子作为圣人教诲诸侯和世人，是有一定界限的。

希望别人认为自己善良美好；本来非常愚昧鄙陋，却希望别人认为自己聪慧。这样的人是普通的民众。只有从思想上克制了私心，然后才能做到公正；只有从行为上抑制了人的本性，然后才能变得善良美好；聪明而又好学，然后才会变得非常有能力：思想上消除自私，从而变得公正无私；行为表现美好，非常聪明，以至于能知晓各种事物的基本原则，这样的人就可以称为小儒了。思想上安于公正无私，行为上安于善良美好，具有能够精通纲纪法度的智慧；像这样的人就可以称为大儒了。大儒这种人，能做天子的三公；小儒可以做诸侯的大夫和士；普通人只能做工匠、农民、商人。礼制是君主用来衡量群臣等级的标准，如果用它来鉴别人的类别，那就能万无一失了。

原文

君子言有坛宇①，行有防表，道有一隆。言道德之求，不下于安存；言志意之求，不下于士；言道德之求，不二后王。道过三代谓之荡，法二后王谓之不雅。高之、下之、小之、臣之，不外是矣，是君子之所以骋志意于坛宇、宫庭也。故诸侯问政，不及安存，则不告也；匹夫问学，不及为士，则不教也；百家之说，不及后王，

则不听也。夫是之谓君子言有坛宇、行有防表也。

注释

①坛宇：指祭祀、拜将等仪式所用的土筑高台和屋边，引申为界限范围。坛，殿堂的基础。宇，屋檐。

译文

君子说话有一定的界限，行为有一定的标准，言论与行动的根本准则是有所推崇的。说到政治方面的要求，那就是不能低于关系到国家安危存亡的问题；说到思想方面的要求，那就是不低于士的标准；说到道德方面的要求，那就是不能背叛当代的帝王。言行的根本原则超过了夏、商、周三代就叫做放荡荒诞，法度背离了当代的帝王就叫做不正。使自己的主张或高、或低、或小、或大，但是都不能超越这个限度，这就是君子能在一定的界限、范围内使自己的思想驰骋无阻的原因啊。因此，诸侯询问政治方面的问题，如果不涉及国家的安危存亡，就没必要教导他；一般的人来向他请教问题，如果不涉及如何才能成为一个士，就不要教他；各家的学说，如果不涉及当代的君王，就不必听他的问题。这就叫做君子说话有一定的界限、行动有一定的标准。

姜尚

姜尚，姓姜，名望，字子牙，是周朝的贤臣。相传姜尚曾经家贫，后在河边垂钓时遇到出行的周文王，文王爱其才，将其带回并加以重用，这是我国历史上为数不多的『贤能不待次而举』的实例之一。

王制

原文

请问为政？曰：贤能不待次而举，罢不能不待须而废，元恶不待教而诛，中庸民不待政而化。分未定也，则有昭缪①。虽王公士大夫之子孙也，不能属于礼义，则归之庶人。虽庶人之子孙也，积文学，正身行，能属于礼义，则归之卿相士大夫。故奸言、奸说、奸事、奸能、遁逃反侧之民，职而教之，须而待之；勉之以庆赏，惩之以刑罚；安职则畜，不安职则弃。五疾，上收而养之，材而事之，官施而衣食之，兼覆无遗。才行反时者，死无赦。夫是之谓天德，王者之政也。

注释

①缪：通『穆』，庄严。昭穆：根据古代宗法制度，宗庙或墓地按照辈分主次排列，始祖居于中间，二世、四世、六世位于始祖的左方，称昭；三世、五世、七世位于始祖的右方，称穆；以此来区分上下辈分。

译文

请问怎样治理国家？回答说：对于贤能的人，不需要根据级

别次序就可以被破格提拔任用；对于德行不好的人、没有才能的人，不需要短时间的迟疑就把他们罢免；对于罪魁祸首，不需要说服教育，可以马上把他们杀掉；对于普通百姓，不需要依靠行政手段对其进行感化教育。即使名分还没有确定，也应该像宗庙里有昭穆的分别一样，有父子、远近、长幼、亲疏的等级次序。即使是帝王公侯士大夫的子孙，如果其言行不合乎礼义，就把他们归入平民的行列。即使是平民的子孙，如果不断地积累古代文化经学方面的知识，端正自身的行为，能遵循礼义，就把他们归入卿相士大夫的行列。对于那些发表邪恶的言论、鼓吹邪恶的学说、干邪恶的事情、有邪恶的才能、四处流窜、不守本分、反复无常的人，就要给他们安排强制性的工作并教育他们，给他们一定的时间等待他们转变；用奖赏去勉励他们、用刑罚去惩处他们；安心工作的就继续留用，不安心工作的就遣散出去。对于聋、哑、瘸、骨折、侏儒等五种残疾的人，君主应该收留并养活他们，根据他们的特殊的才能给他们事做，根据他们所能从事的工作供给他们吃穿，对他们全部加以照顾，不能遗漏。对那些凭借自己的才能而行为违背现行制度的人，坚决处以死刑，决不赦免。这就是最高尚的道德，这就是帝王为了成就大业所采取的政治措施。

原文

听政之大分：以善至者，待之以礼；以不善至者，待之以刑。两者分别，则贤不肖不杂，是非不乱。贤不肖不杂，则英杰至；是非不乱，则国家治。若是，名声日闻，天下愿，令行禁止，王者之事毕矣。凡听，威严猛厉而不好假道人，则下畏恐而不亲，周闭而不竭；若是，则大事殆乎弛，小事殆乎遂。和解调通，好假道人，而无所凝止之，则奸言并至，尝试之说锋起；若是，则听大事烦，是又伤之也。故法而不议，则法之所不至者必废。职而不通，则职之所不及者必队。故法而议，职而通，无隐谋，无遗善，而百事无过，非

君子莫能。故公平者，职之衡也；中和者，听之绳也。其有法者以法行，无法者以类举，听之尽也。偏党而无经，听之辟也。故有良法而乱者，有之矣；有君子而乱者，自古及今，未尝闻也。传曰：『治生乎君子，乱生乎小人。』此之谓也。

译文

听取意见处理政事的要领是：对那些怀着美好的心意而来的人，就用礼节对待他；对那些怀着恶意而来的人，就要对他处以刑罚。只有把这两种情况区别开来，有德才的人和没有德才的人就不会混在一起，是非也就不会被搞得混淆不清。只有有德才的人和没有德才的人不被混杂在一起，英雄豪杰才会前来归顺于君主；如果是非不被混淆，国家就能得到很好的治理。如果能做到这样，名声就会一天天显赫起来，天下的人就会敬仰他，就能做到令行禁止，这样，王者的大业也就完成了。一般来说，在朝廷上处理政事有以下几种情况：如果态度非常威武、严肃、凶猛、刚烈，但是不喜欢以宽容的态度顺从别人，那么做臣子的就会恐惧他，不敢亲近他，就会隐瞒事情的真相而不把心里话全部说出来；如果这样做，那么大事恐怕会废弛，小事恐怕会毁掉。如果对待别人一味随和，喜欢以宽容的态度顺从别人，但是这些做法都没有一定的限度，那么奸诈邪恶的言论就会纷至沓来，各种试探性的话语就会蜂拥而起；如果这样做了，那么听到的事情就会又繁多又琐碎，这就会不利于政事的处理。所以，制定了法律而不公平地执行法律，那么法律没有涉及的地方就一定会被废弃。规定了各级官吏的职权范围，但是彼此之间并不沟通，后果就是职权范围没有涉及的地方就必然会遭到遗弃。因此，制定了法律而又能秉公执法，规定了各级官吏的职权范围而又能彼此相互沟通，那就不会有被隐藏起来的邪恶行为，不会有没有被发现的善良行为，从而能够保证各种工作不会出现失误。不是君子是做不到这些的。因此公正是处理政事的基本准则；宽严适当，是处理政事的标准。那些有法律依据的事情就依据法律来办理，没有法律依据可以遵循的事情就按照类推的办法来办理，这是处理政事的最好的办法。偏袒而没有原则，是处理政事的忌讳。因此，有了完善的法制，但是社会上还是会出现混乱的事情，这种现象是存在的；有了德才兼备的君子，但是还是出现动乱的国家，从古到今，还没有听说过。古书上说：『国家的安危系于君子，国家的动乱出于小人。』说的就是这个道理。

分均则不偏，势齐则不壹，众齐则不使。有天有地而上下有差，明王始立而处国有制。夫两贵之不能相事，两贱之不能相使，是天数也。势位齐，而欲恶同，物不能澹，则必争；争则必乱，乱则穷矣。先王恶其乱也，故制礼义以分之，使有贫、富、贵、贱之等，足以相兼临者，是养天下之本也。《书》曰：『维齐非齐。』此之谓也。

名分相同就无法统属了，权势相等了就谁也不能统率谁了，大家地位平等了就谁也不能役使谁了。自从天地形成以后，人类中就有了上下级的差别；圣明的帝王一旦登上王位，为了治理国家就会制定一定的等级制度。两个身份一样高贵的人不可能互相侍奉对方，两个身份一样卑贱的人不可能互相役使对方，这是合乎规律的道理。如果人们具有相等的权势地位，而具有相同的爱好与厌恶，那么由于财物不能满足自身需要而引发的争夺之战就一定会发生；一旦发生争夺就一定会导致社会的混乱，社会混乱就会使天下陷于困境了。古代的君王厌恶这样的混乱，因此，制定了礼义制度来给他们分类，使天下的百姓有贫穷与富有、

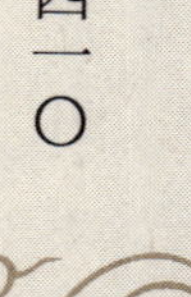

舟行

『君者，舟也；庶人者，水也。水则载舟，水则覆舟』，这句话深刻而形象地讲述了庶人百姓与君王社稷的关系，为君者，只有牢牢记住这句话，才能治国安天下。

高贵与卑贱的差别，这样，君主就能够凭借礼义制度而完全统治百姓，这是君主治国的根本原则。《尚书》上说：『想齐，就应该先有不齐。』说的就是这个道理。

原文

马骇舆，则君子不安舆；庶人骇政，则君子不安位。马骇舆，则莫若静之；庶人骇政，则莫若惠之。选贤良，举笃敬，兴孝弟，收孤寡，补贫穷，如是，则庶人安政矣。庶人安政，然后君子安位。传曰：『君者，舟也；庶人者，水也。水则载舟，水则覆舟。』此之谓也。故君人者，欲安，则莫若平政爱民矣；欲荣，则莫若隆礼敬士矣；欲立功名，则莫若尚贤使能矣。是君人者之大节也。三节者当，则其余莫不当矣。三节者不当，则其余虽曲当，犹将无益也。孔子曰：『大节是也，小节是也，上君也。大节是也，小节一出焉，一入焉，中君也。大节非也，小节虽是也，吾无观其余矣。』

译文

马在拉车时受到了惊吓，导致其不听车夫的使唤一路狂奔，君子当然就不能在车子里坐安稳了；老百姓被政事所惊扰，君子当然就不能在王位上坐安稳了。马在拉车时受到了惊吓，没有比使它安

静下来更好的办法了；老百姓受到了政事的惊扰，那就没有比对他们施以恩惠更好的办法了。选用德才兼备的人，提拔诚实谦恭的人，提倡孝顺父母、尊敬兄长，收养孤儿寡妇，帮助生活贫穷的人，如果这样做的话，老百姓就会安于政事了。老百姓安于政事，那么君子才能在王位上坐得安稳。古书上说：『君主好比是一条船，百姓好比是江河里的水。水能把船载起来，水也能把船弄翻。』说的就是这个道理。因此统治百姓的君主，如果想让国家安定下来，调整好治国政策、爱护人民就是最好的办法；如果君主自己要想人们的赞美，尊崇礼义、敬重士人就是最好的办法；如果君主想建立功业和名望，那么推崇品德高尚的人、使用德才兼备的人是最好的办法。这些是做君主所要记住的关键。如果这三个关键都做得恰当适宜的话，其余的方面就没有什么不恰当了。如果这三个关键做得不恰当，那么其余的方面即使处处都非常恰当，还是不能称为一个好的君主。孔子说：『大节正确，小节也正确，这是上等的君主所能做到的。大节正确，小节有些失误，这是中等的君主所能做到的。大节不正确，小节即使做得很正确，我也不需要再看其余的方面了。』

原文

成侯、嗣公①，聚敛计数之君也，未及取民也；子产②，取民者也，未及为政也；管仲，为政者也，未及修礼也。故修礼者王，为政者强，取民者安，聚敛者亡。故王者富民，霸者富士，仅存之国富大夫，亡国富筐箧、实府库。筐箧已富，府库已实，而百姓贫，夫是之谓上溢而下漏。入不可以守，出不可以战，则倾覆灭亡可立而待也。故我聚之以亡，敌得之以强。聚敛者，召寇、肥敌、亡国、危身之道也，故明君不蹈也。

注释

①成侯：战国时卫国国君。嗣公：卫国国君，卫成侯的孙子。②子产：春秋时郑国政治家，姓公孙，

名侨，字子产，前554年为卿，前543年执政，在郑国实行改革，并推行法治。

译文

卫成侯、卫嗣公这两个君王是搜刮民财、善于算计的昏君，他们没能取得民心；子产是得到民心的人，却也没有治理好国家；管仲是善于处理国事的人，但是也没有遵循礼义制度。遵循礼义的君子能够成就帝王大业，善于处理政事的君子能够变得非常强大，取得民心的君子能够安定百姓，搜刮民财的君主会使自己最终灭亡。称王于天下的君主能够使百姓富足，称霸于诸侯的君主能够使有战功的人富足，勉强使国家存在的君主使朝中的士大夫富足，亡国的君主富足的是自己的私囊、充实的是自己的仓库。自己的箱子已经被装满了，仓库已经被塞满了，但是老百姓则穷了，这叫做上面的东西多的漫出来而下面的东西则漏得精光。这样的国家，对内不能维持国家的秩序，对外不能讨伐征战，国家遭遇垮台灭亡的灾祸很快就会到来。因此，搜刮民财会招致国家的灭亡，而敌人得到这些财物会变得更加富强。搜刮民财实际上是一条招来外来侵略者、强盛敌国、灭亡自己的国家、危害自身的道路，因此，贤明的君主是不会走这条道路的。

原文

王夺之人，霸夺之与，强夺之地。夺之人者臣诸侯，夺之与者友诸侯，夺之地者敌诸侯。臣诸侯者王，友诸侯者霸，敌诸侯者危。

译文

想要称王天下的会跟别的国家争夺民众，想要称霸诸侯的会跟别的国家争夺同盟国，只是为了逞强的会跟别的国家争夺土地。跟别的国家争夺民众的可以使别的诸侯成为自己的臣子，跟别的国家争夺同盟国的可以使别的诸侯成为自己的朋友，跟别的国家争夺土地的就会使别的诸侯成为自己的敌人。使其他诸侯臣服的君主能够称王于天下，同其他诸侯保持友好关系的能称霸于诸侯，和诸侯为敌君主的处境就很危险了。

原文

用强者，人之城守，人之出战，而我以力胜之也，则伤人之民必甚矣。伤人之民甚，则人之民恶我必甚矣。人之民恶我甚，则日欲与我斗。人之城守，人之出战，而我以力胜之，则伤吾民必甚矣。伤吾民甚，则吾民之恶我必甚矣。吾民之恶我甚，则日不欲为我斗。人之民日欲与我斗，吾民日不欲为我斗，是强者之所以反弱也。地来而民去，累多而功少，虽守者益，所以守者损，是大者之所以反削也。诸侯莫不怀交接怨而不忘其敌，伺强大之间，承强大之敝，此强大之殆时也。

使用强大的力量来和别的国家争夺土地的君主，别的国家或许倚据城池把国家守卫得非常严密，或者勇敢地出城迎战，而我们用武力去战胜别的国家，那么必然严重地伤害到别国的民众。如果严重地伤害到别国的民众，别国的民众心中对我们产生的怨恨也必然很厉害。别国的民众心里非常怨恨我们，天天都会想着和我们战斗。人家或者倚据城池严守国家，或者勇敢地出城迎战，而我们用武力去战胜他们，必然会深深地伤害到自己的民众。深深地伤害自己的民众，那么自己的民众心中就会非常怨恨我们。自己的民众心中对我们的怨恨太深的话，他们不会想着为我们而去战斗。别国的民众天天想和我们拼命，而我们自己的民众却不想为我们而奋战，这就是强大的国家反而变为弱小的国家的原因。土地夺来了而民众却离我们远去了，忧患增多了而功劳却减少了，虽然需要守卫的土地增多了，用来守卫土地的民众却减少了，这就

是强大的国家反而削弱的原因。没有哪个心怀怨恨的诸侯不与别的诸侯互相联合的，他们时刻不忘自己的仇敌，他们窥伺着强国的漏洞，趁着强国陷入困境的时候对其大举进攻，这个时候就是强国的危险时刻了。

知强大者不务强也，虑以王命全其力、凝其德。力全，则诸侯不能弱也；德凝，则诸侯不能削也；天下无王霸主，则常胜矣。是知强道者也。

译文

懂得使国家强大之道的君主不会专门用武力逞强，会考虑凭借天子的命令来完备自己的实力、积聚自己的名望。实力完备了，其他诸侯就无法使他衰弱了；名望积聚了，那么各国诸侯就无法削弱他了；如果天下没有能够称王称霸的君主，那么他就能够经常取得胜利了。这种人才是懂得强国之道的君主。

原文

彼霸者不然。辟田野，实仓廪，便备用，案谨募选阅材伎之士，然后渐庆赏以先之，严刑罚以纠之；存亡继绝，卫弱禁暴，而无兼并之心，则诸侯亲之矣。修友敌之道以敬接诸侯，则诸侯说之矣。所以亲之者，以不并也；并之见，则诸侯疏矣。所以说之者，以友敌也；臣之见，则诸侯离矣。故明其不并之行，信其友敌之道，天下无王霸主，则常胜矣。是知霸道者也。

译文

那些称霸的君主就不是这样。他们开垦荒野，充实粮仓，改进设备器具使它们能够更好地被使用。严格谨慎地招募、选择、收容那些身怀才能技艺的士人，然后加重奖赏来引诱他们，加重刑罚来督责规范他

孟尝君

孟尝君，姓田，名文，字孟，号孟尝君，战国四公子之一，曾养士数千。战国四公子都是以善于发现搜罗有才能的士人而著称的。

们；使即将灭亡的国家存在下来，使灭亡了的国家的后代能继续祭祀祖先，保护实力弱小的国家，制止残暴的国家，但是并没有吞并别国的野心，那么其他国家的诸侯就会慢慢地亲近他了。与本国国力匹敌的国家保持友好的关系，并且遵循这个原则以恭敬的态度接待各国诸侯，这样，各国诸侯就对他产生好感。各国诸侯亲近他的原因是他没有吞并别国的野心；吞并别国的野心一旦暴露出来，各国诸侯就会疏远他了。各国诸侯喜欢他的原因是他同与他国力匹敌的国家保持友好的关系；使各国诸侯臣服的意图一旦暴露出来，各国诸侯就会背离他了。因此，如果向各个诸侯国表明自己没有吞并别国的野心和行为，遵守自己同与本国国力匹敌的国家保持友好的原则，天下如果没有出现成就霸业的君主，那么，奉行这种原则的君主就能处于长胜的地位了。这才是懂得称霸之道的君主。

原文

闵王毁于五国①，桓公劫于鲁庄②，无它故焉，非其道而虑之以王也。

彼王者不然。仁眇天下，义眇天下，威眇天下。仁眇天下，故天下莫不亲也。义眇天下，故天下莫不贵也。威眇天下，故天下莫

敢敌也，以不敌之威辅服人之道，故不战而胜，不攻而得，甲兵不劳而天下服，是知王道者也。知此三具者，欲王而王，欲霸而霸，欲强而强矣。

注释

①闵王：即齐闵王，又称齐湣王、齐愍王，战国时齐国国君，姓田，名地，齐宣王之子。五国：指燕、赵、秦、楚、魏。②桓公劫于鲁庄：前681年齐桓公与鲁庄公在柯地会盟，齐桓公被胁迫答应归还汶阳。

译文

齐闵王被五国联军打败，齐桓公被鲁庄公的臣子胁迫，这没有别的原因，就是因为他们实行的政策不是统一天下的王道，但是他们却又想统一天下。

那些奉行王道的君主就不这样做。他们的仁爱远远高于天下各国，他们所奉行的道义远远高于天下各国，他们所具有的威势远远高于天下各国。正是因为他们的仁爱远远高于天下各国，因此天下的各个诸侯都去亲近他。因为他们所奉行的道义远远高于天下各国，因此天下各国都很尊重他。因为他们所具有的威势远远高于天下各国，因此天下的人都不敢与他为敌。凭借不可抵挡的威势去辅助可以征服人心的仁义之道，可以不战而胜，不攻而得，不费一兵一甲就可以征服整个天下，这是懂得王道的君主。懂得了上述三种条件的君主，想要称王就能称王，想要称霸就能称霸，想要强大就能强大了。

原文

王者之人：饰动以礼义，听断以类，明振毫末，举措应变而不穷。夫是之谓有原。是王者之人也。

译文

奉行王道而成就王业的君主：能用礼义来约束自己的行为，根据法令规定来处理决断政事，明察秋毫，随机应变，能随着各种变化而采取相应的措施，但是也不会穷于应付。这叫做掌握了根本。这就是奉行王道的君主的为人。

王者之制：道不过三代，法不贰后王。道过三代谓之荡，法贰后王谓之不雅。衣服有制，宫室有度，人徒有数，丧祭械用皆有等宜。声，则凡非雅声者举废；色，则凡非旧文者举息；械用，则凡非旧器者举毁。夫是之谓复古。是王者之制也。

译文

奉行王道的君主所实行的制度：治国的原则不会超出夏、商、周三代，具体的法度不能违背当代的君王。治国之道古老得超过了三代叫做荒诞，具体的法度违背了当代的君王便叫做不正。衣服有一定的体制，不同等级的人衣服各有规格，住房各有一定的标准，随从人员有一定的限度，丧葬祭祀用的器具也有相应的等级制度的规定。音乐只要是不合乎正声雅乐的全部废除，色彩只要是不合乎原色的全部取缔，器具只要是与旧制不合的一律毁掉。这叫做复古。这就是奉行王道的君主制定并且遵守的制度。

王者之论：无德不贵，无能不官，无功不赏，无罪不罚。朝无幸位，民无幸生。尚贤使能，而等位不遗；

不用利口

汉文帝有一次视察虎圈，并不因一个小吏伶牙俐齿而将他破格提拔为上林令。古时的贤君不会因臣子有口舌之利，善于表现而给予他高位，他们选拔人才的标准就是『德』、『能』。

折愿禁悍，而刑罚不过。百姓晓然皆知夫为善于家而取赏于朝也，为不善于幽而蒙刑于显也。夫是之谓定论。是王者之论也。

译文

奉行王道的君主的用人原则：没有道德的人不能给他尊贵显赫的地位，没有才能的人不能给他官职，没有功劳的人不能给他奖赏，没有罪过的人不能给他处罚。朝廷中没有侥幸获得官位的人，百姓中没有侥幸生存下来的人。尊敬贤德的人，任用有才能的人，授予人的等级地位要与他的德才相匹配，不会出现差错；制裁阴险狡诈的人，禁止凶残暴虐的人，施加的刑罚各与他犯下的罪行相当，不会出现疏忽。老百姓都非常清楚地知道：即使在家里做了善事，也能在朝廷上得到赏赐；即使暗地里做坏事，也会在光天化日之下受到惩罚。这样做就确定了用人的原则。这就是奉行王道的君主的用人原则。

原文

王者之法：等赋，政事，财万物，所以养万民也。田野，什一；关市，几而不征；山林泽梁，以时禁发而不税。相地而衰政，理道之远近而致贡。通流财物粟米，无有滞留；使相归移也，四海之内

若一家。故近者不隐其能，远者不疾其劳，无幽闲隐僻之国，莫不趋使而安乐之。夫是之谓人师。是王者之法也。

注释

①法：原本没有，但是根据上下文，这里缺一个『法』字，法的原意是法规，这里指的是具体的经济政策。

译文

奉行王道的君主的经济政策是：按照等级规定赋税，处理好民众事务，管理好万物，用来养育天下百姓，按照农田收入的十分之一征收赋税；只对关卡和集市进行检查而不对其征税；按时封闭和开放山林渔场，但是不征收赋税。视土地的肥瘠程度来征收赋税，区别道路的远近再去收取贡品。使物资、粮米流通方便，不出现滞留积压的情况；使各地商品互相交换，四海之内就像一家人一样。因此，近处的人不会隐藏自己的才能，远处的人不会厌恶到处奔走的劳苦，即使是地处偏远的国家，都会高兴地前来归附，听从君主的役使。这种君主可以称得上人民的师表。这就是奉行王道的君主的经济政策。

原文

北海则有走马、吠犬焉，然而中国得而畜使之；南海则有羽翮、齿革、曾青、丹干焉，然而中国得而财之；东海则有紫紶、鱼、盐焉，然而中国得而衣食之；西海则有皮革、文旄焉，然而中国得而用之。故泽人足乎木，山人足乎鱼；农夫不斫削、不陶冶而足械用，工贾不耕田而足菽粟。故虎豹为猛矣，然君子剥而用之。故天之所覆，地之所载，莫不尽其美、致其用，上以饰贤良、下以养百姓而乐安之。夫是之谓大神。《诗》

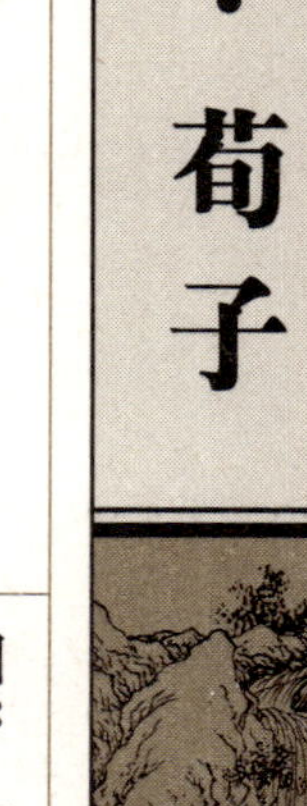

曰：『天作高山，大王①荒之；彼作矣，文王康之。』此之谓也。

注释

①大王：周太王，也叫古公亶父，

译文

北方盛产善于奔跑的骏马和善于吠叫的猎狗，而中原各国可以得到并且畜养役使它们。南方盛产羽毛、象牙、犀牛皮、曾青、朱砂，而中原各国也可以得到并使用它们。东方盛产紫色的粗麻布、鱼、盐，而中原各国也能够得到并穿着、食用它们。西方盛产皮革和彩色的牦牛尾，而中原各国还是可以得到并且使用它们。因此，在湖边以打鱼为生的渔民也会有足够的木材可用，住在山上的人也会有足够的鲜鱼吃；农民不砍削、不制作陶瓷、不冶炼钢铁也有足够的器具可用，工匠、商人即使不种地也有足够的粮食可吃。虎、豹算是凶猛的了，但是君子还是能够把它们的皮剥下来使用。因此，只要是苍天所覆盖的，大地所承载的东西，没有什么不会充分发挥它们的优点、竭尽它们的作用，对上供给贤能的人们车服来装饰他们，对下供养百姓的衣食来使他们享受安乐。这就是大治。《诗经》说：『天创造了这座高大的岐山，太王使它得到了开辟；太

虎

老虎、豹子都是凶猛的野兽，本来凭人的力量是不足以得其皮的，但是由于人类善于借外物为己用，故君子还是能够剥下虎豹的皮。而在君子的统治之下，天下人互通有无，故天下才能物尽其用，人安其乐。

王在此建立都城，文王使它有了长远的发展。』说的就是这个意思。

以类行杂，以一行万；始则终，终则始，若环之无端也。舍是而天下以衰矣。天地者，生之始也；礼义者，治之始也；君子者，礼义之始也。为之，贯之，积重之，致好之者，君子之始也。故天地生君子，君子理天地。君子者，天地之参也，万物之总也，民之父母也。无君子，则天地不理，礼义无统，上无君师，下无父子，夫是之谓至乱。君臣、父子、兄弟、夫妇，始则终，终则始，与天地同理，与万世同久，夫是之谓大本。故丧祭、朝聘、师旅，一也。贵贱、杀生、与夺，一也。君君、臣臣、父父、子子、兄兄、弟弟，一也。农农、士士、工工、商商，一也。

译文

用处理各种事务的总法则统率各种纷繁复杂的事物，用礼仪作为始终不变的法则去统率万事万物，从始到终，周而复始，就像圆环一样没有终端。如果丢掉了这个原则，天下就会因此而衰败混乱了。天地是生命的源头，礼义是天下大治的根本，君子是礼义的本源。学习并且研究礼义，熟悉并贯彻礼义，积累礼义方面的知识，爱好礼义以期使其达到最完美的境界，这是君子首先要做到的。因此，天地养育了君子，君子治理天地。君子是配合天地而生的，是万物的总管，是人民的父母。如果没有君子，天地就不能得到治理，礼义就会变得混乱无绪，在上没有对君主、师长的尊敬，在下不遵守父子之间的伦理道德，这会造成极其混乱的现象。君臣、父子、兄弟、夫妻之间的伦理关系，从开始到结束，从结束到开始，这种关系的存在与天地有上下之分的道理是一样的，像千秋万代一样长久，这就是最大的根本。因此，关于丧葬祭

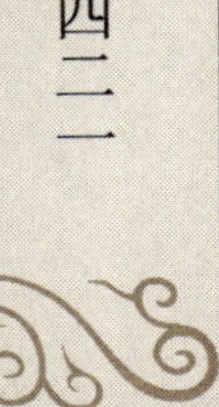

祀事宜的礼仪、诸侯定期朝见天子的礼仪、军队中使用的礼仪，其中的道理都是一样的。使人显贵或低贱、将人处死或赦免、给人赏赐或惩罚，其中的道理都是一样的。君主的言行要像个君主、臣子的言行要像个臣子、父亲的言行要像个父亲、儿子的言行要像个儿子、兄长的言行要像个兄长、弟弟的言行要像个弟弟，其中的道理是一样的。农民就要有农民的样子、读书人要有读书人的样子、工人要有工人的样子、商人要有商人的样子，其中的道理也是一样的。

马

马的力量比人大，却被人类所役使，是因为人类有可以『裁万物』的智慧，也就是人类社会各成员间互相协调的根本——道义。

原文

水火有气[1]而无生，草木有生而无知，禽兽有知而无义；人有气、有生、有知，亦且有义，故最为天下贵也。力不若牛，走不若马，而牛马为用，何也？曰：人能群，彼不能群也。人何以能群？曰：分。分何以能行？曰：义。故义以分则和，和则一，一则多力，多力则强，强则胜物，故宫室可得而居也。故序四时，裁万物，兼利天下，无它故焉，得之分义也。

注释

①气：古代哲学概念，指构成宇宙万物的基因，认为万物都是由气构成的。它是一种物质性的东西。

译文

水、火有气却没有生命，草木有生命但是没有知觉，禽兽有知觉但是不讲礼义；人有气、有生命、有知觉，而且有礼义，这是人成为天下最尊贵者的原因。人的力气不如牛，跑起来不如马快，但牛、马却被人使唤，这是什么原因呢？回答说：人能够结合成群体，但是牛、马却不能结合成社会群体。人为什么能结合成群体呢？就是因为人类内部存在等级名分。为什么等级名分能够实行？就是因为人类社会存在道义。因此，人们根据道义确定了名分，人们就能互相协调；关系协调就能团结一致；团结一致就可以使力量强大起来；力量强大了就会强盛；强盛了就能战胜外物；因此，人类才有在房屋中安居的可能。因此，人才能安排好一年四季的活动，管理好万事万物，使天下的人都能受益，这样做并没有其他的原因，凭借的就是等级名分和礼义。

故人生不能无群，群而无分则争，争则乱，乱则离，离则弱，弱则不能胜物，故宫室不可得而居也，不可少顷舍礼义之谓也。

人活在世上不能离开社会群体，但是结合成了社会群体以后没有划分等级名分就会发生争夺的事情，一旦发生争夺的事情，就会产生动乱，一旦发生动乱就会导致离散，一旦离散就会削弱力量，力量衰弱了就不能战胜外物，所以也就不可能在房屋中安居了，这是说人们片刻也不能丢掉礼义。

原文

能以事亲谓之孝，能以事兄谓之弟，能以事上谓之顺，能以使下谓之君。君者，善群也。群道当，则万

物皆得其宜，六畜皆得其长，群生皆得其命。故养长时，则六畜育；杀生时，则草木殖；政令时，则百姓一，贤良服。

译文

能够遵循礼义来侍奉父母的行为叫做孝，能够遵循礼义来侍奉兄长的行为叫做悌，能够遵循礼义来侍奉君主的行为叫做顺，能够遵循礼义来统治臣民的行为叫做君。所谓君，就是善于把人们组织成社会群体的人。如果组织的方法恰当，世上的万物就能得到合理的安排，六畜都能够正常生长，一切生物都能按正常规律存在。

所以饲养牲畜适时，六畜就会生育兴旺；砍伐种植适时，草木就会茂盛繁殖；政策法令适时，老百姓就能得到统一，贤才良将就会心悦诚服。

原文

圣王之制也：草木荣华滋硕之时，则斧斤不入山林，不夭其生，不绝其长也；鼋、鼍、鱼、鳖、鳅、鳣孕别之时，罔罟、毒药不入泽，不夭其生，不绝其长也。春耕、夏耘、秋收、冬藏，四者不失时，故五谷不绝而百姓有余食也；洿池渊沼川泽，谨其时禁，故鱼鳖优多而百姓有余用也；斩伐养长不失其时，故山林不童而百姓有余材也。

鳖

鱼鳖鳝蟹都是在江河湖泽生活的水族，它们的生长繁殖都有一定的时期，人在这段时期如果滥加捕杀，就会使水族大量夭折，渔业就会大受损伤。

译文

圣明帝王的制度是：草木开花结果的时候，砍伐的斧头不准带进山林，这是为了不使草木的生命夭折，不使它们的生长停止；鼋、鼍、鱼、鳖、鳅、鳝等产卵的时候，渔网、毒药不准投入江河湖泽，这是为了不使它们的生命半途夭折，使它们能够不断生长。春天耕种、夏天锄草、秋天收获、冬天储藏，四个季节都不会错过，所以五谷不断地生长，老百姓就有多余的粮食了；池塘、水潭、河流、湖泊，严格禁止在限定的时期到这些地方捕捞，所以鱼鳖就会越来越丰饶，老百姓就可以有多余的资财；树木的砍伐与培育养护不错过适当的季节，山林就不会变得光秃秃，老百姓就有多余的木材了。

原文

圣王之用也：上察于天，下错于地；塞备天地之间，加施万物之上；微而明，短而长，狭而广；神明博大以至约。故曰：一与一，是为人者，谓之圣人。

译文

圣明的君王的作用：上能明察天时，下能安置好地上的万物；他的作用充斥于天地之间，作用于万物之上；这种作用隐微而又显著，短暂而又深长，狭小而又广大；它达到了智慧的最高境界，既博大却又极其简约。所以说：用礼义这个总的原则去统率各种具体的事物而正确治理国家的人就是圣人。

原文

序官：宰爵知宾客祭祀飨食牺牲之牢数①。司徒②知百宗城郭立器之数。司马知师旅甲兵乘白之数③。修宪命，审诗商，禁淫声，以时顺修，使夷俗邪音不敢乱雅，大师④之事也。修堤梁，通沟浍，行水潦，安

水臧，以时决塞；岁虽凶败水旱，使民有所耘艾，司空[5]之事也。相高下，视肥墝，序五种，省农功，谨蓄藏，以时顺修，使农夫朴力而寡能，治田之事也。修火宪，养山林薮泽草木鱼鳖，百索，以时禁发，使国家足用而财物不屈，虞师[6]之事也。顺州里，定廛宅，养六畜，闲树艺，劝教化，趋孝弟，以时顺修，使百姓顺命，安乐处乡，乡师[7]之事也。论百工，审时事，辨功苦，尚完利，便备用，使雕琢文采不敢专造于家，工师[8]之事也，相阴阳，占祲兆，钻龟陈卦，主禳择五卜，知其吉凶妖祥，伛巫跛击[9]之事也。修采清，易道路，谨盗贼，平室律，以时顺修，使宾旅安而货财通，治市之事也。抃急禁悍，防淫除邪，戮之以五刑，使暴悍以变，奸邪不作，司寇之事也。本政教，正法则，兼听而时稽之，度其功劳，论其庆赏，以时慎修，使百吏免尽而众庶不偷，冢宰之事也。论礼乐，正身行，广教化，美风俗，兼覆而调一之，辟公之事也。全道德，致隆高，綦文理，一天下，振毫末，使天下莫不顺比从服，天王之事也。故政事乱，则冢宰之罪也；国家失俗，则辟公之过也；天下不一，诸侯俗反，则天王非其人也。

注释

①宰爵：官名。主管宰杀牲畜，调配膳食，以供接待宾客、祭祀时所用。牺牲：古代用于祭祀的纯色整牛、整羊、整猪。牢：祭祀时用的牛、羊、猪。②司徒：官名，掌管民政与教化。③司马：官名，掌管军队的最高长官。乘：量词，一乘包括一辆战车、四匹马、三个甲士、七十二个步兵。白：通『伯』，古代军队的编制，十人为一什，百人为一伯。④大师：指太师，主管音乐的最高长官。⑤司空：主管农田水利工程的最高长官。⑥虞师：古时候管理山林湖泊的长官。⑦乡师：古代乡一级行政单位的长官。周代一万二千五百家为一乡，管辖五个州。乡师掌管本乡的教化和政事。⑧工师：管理手工业工

匠的官职。⑨击：通『觋』。古代从事求神卜卦等职业的人，男的称觋，女的称巫。

大事卜吉 在我国古代，每有大事时都要进行占卜。在先秦时期，占卜吉凶、观气看相几乎是与渔牧农桑之事同样重要的大事。

译文

叙述官员的职责：宰爵掌管供接待宾客和祭祀时所用的酒食和祭品的数量。司徒掌管各个宗族、城郭以及器械的数量。司马掌管军队、武器、战车、士兵的数量。制定法令，审查诗歌乐章，禁止淫荡的乐曲，根据时势整治修订，使蛮夷的风俗和淫荡的乐曲不敢扰乱雅正的乐曲，这是太师的职事。修理堤坝、架设桥梁，疏通田间的沟渠，排除积水，加固水库，根据时令来开放或者关闭水库；即使遇上饥荒歉收、涝灾旱灾不断的年景，也依然能使民众继续耕耘、有所收获，这是司空的职责。查看地势的高低，了解土地的肥瘠情况，依照时令合理地安排各种庄稼的种植，考核农事的功效，认真储备粮食，根据时令去整顿，使农民专心致力于农业生产而不求兼有其他技能，这是农官的职责。制定禁止焚烧山泽的法令，保护山林中的草木、湖泊中的鱼鳖，对于人们对山林湖泊的各种求索，根据时令来禁止与开放，使国家有充足的物资而不至于匮乏，这是虞师的职责。整治乡里，划定店铺区与居民区的界限，鼓励百姓饲

养六畜，精通种植，引导人们接受教化，督促人们孝顺父母、敬爱兄长，根据时势去治理政事，使百姓服从君主的命令，安于乡里，这是乡师的职责。考核各个工匠的技艺，审查各个时节的生产活动，辨别产品质量的优劣，提高产品的耐用性，从而使生产设备用得更持久，雕刻有图案的器具与绣有彩色花纹的礼服不敢私自制作，这是工师的职责。观察阴阳天相的变化，根绝云气来预测事情的吉凶，钻灼龟板，排列卦象，掌管除不祥、选择吉日，预见吉凶祸福，这是女巫与男巫的职责。清理厕所，修理道路，严防盗贼，平衡物价，按时来整治，保证商人旅客的安全从而使货物钱财流通顺畅，这是治市的职事。惩罚狡猾奸诈的人，严禁凶狠强暴的人，防止淫乱，铲除邪恶，用五种刑罚来惩治罪犯，使强暴凶悍的人发生转变，使淫乱奸邪的事不再发生，这是司寇的职责。把政治教化作为治国的根本，端正法律规则，多方听取意见并经常对臣民进行考核，衡量他们的功劳，评定对他们的赏赐，按时整治，使各级官吏都勉力尽职，老百姓都不敢苟且偷生，这是冢宰的职责。讲究礼乐，端正行为，推广教化，美化风俗，普遍地照顾百姓并使他们关系协调，这是诸侯的职责。完善道德，使其达到崇高的境界，使礼义制度更为完善，统一天下，明察秋毫，使天下没有一个不归顺悦服，这是天子的职责。因此，政治混乱，是冢宰的失职；国家风俗败坏，就是诸侯的失职；天下不统一，诸侯企图造反，那是由于天子不是最佳的人选。

原文

具具而王，具具而霸，具具而存，具具而亡。用万乘之国者，威强之所以立也，名声之所以美也，敌人之所以屈也，国之所以安危、臧否也，制与在此亡乎人。王、霸、安存、危殆、灭亡，制与在我亡乎人。夫威强未足以殆邻敌也，名声未足以县天下也，则是国未能独立也，岂渠得免夫累乎？天下胁于暴国，而党为吾所不欲，于是者，日与桀同事同行，无害为尧，是非功名之所就也，非存亡安危之所堕也。功名之所就，存亡安危之所堕，必将于愉殷赤心之所。诚以其国为王者之所，亦王；以其国为危殆灭亡之所，亦危殆灭亡。

译文

具备了王者的条件就能够称王，具备了霸者的条件就可以称霸，具备了生存的条件就可以生存下去，具备了灭亡的条件就会灭亡。治理一个万乘之国，威武强大的地位之所以能确立，名声之所以这么美好，敌人之所以屈服，国家之所以转危为安，全部的关键都在于自己而不在别人身上。是称王天下、称霸天下、安全生存下来，还是危险、灭亡，全部的关键都在于自己而不在别人身上。威武强大但是还不足以危及相邻的国家，名声很好但是还不足以让天下人挂在嘴边，那么，这个国家就还不能独自立于天下，怎么还能够免除忧患呢？天下被强暴的国家所威胁，如果这种情况不是我所想看到的，但是被迫与桀那样的暴君天天在一起做事、一起行动，这样做并不妨碍自己成为尧那样的贤君，所以说这不是成就功名的关键，也不是存亡安危的根本原因。成就功名的关键，存亡安危的根本原因，必定建立在自身忧乐志向的基础上。如果真心要把自己的国家变成一个实行王道的地方，也就能称王天下；如果要把自己的国家弄到危险灭亡的境地，就会趋于危险甚至灭亡。

原文

殷之日，案以中立，无有所偏而为纵横之事①，偃然案兵无动，以观夫暴国之相卒也；案平政教，审节奏，砥砺百姓，为是之日，而兵剸天下劲矣；案修仁义，伉隆高，正法则，选贤良，养百姓，为是之日，而名声剸天下之美矣。权者，重之；兵者，劲之；名声者，美之。夫尧、舜者，一天下也，不能加毫末于是矣！

权谋倾覆之人退，则贤良知圣之士案自进矣；刑政平，百姓和，国俗节，则兵劲城固，敌国案自诎矣；务本事，积财物，而勿忘栖迟薛越也，是使群臣百姓皆以制度行，则财物积，国家案自富矣。三者体此而天下服，暴国之君案自不能用其兵矣。何则？彼无与至也。彼其所与至者，必其民也；其民之亲我也欢若父母，好我芳若芝兰，反顾其上，则若灼黥，若仇雠；彼人之情性也，虽桀、跖，岂有肯为其所恶贼其所好者哉？彼以夺矣。故古之人，有以一国取天下者，非往行之也，修政其所，莫不愿，如是而可以诛暴禁悍矣。故周公南征而北国怨，曰：『何独不来也？』东征而西国怨，曰：『何独后我也？』孰能有与是斗者与？安以其国为是者王。

苏秦相六国

在战国时期，有苏秦、张仪的等人以捭阖之术游说各国，各国也根据自身情况，选择联合强秦的『连横』，或六国联合的『合纵』以进行政治和军事斗争，来提高本国的国力，是为『纵横之事』。

注释

①纵横之事：这里指战国七雄相互之间的斗争策略。纵指合纵。战国时苏秦主张齐、楚、燕、韩、赵、魏六国结成联盟对抗秦国。由于六国位置上成南北向，所以称『合纵』。横：东西为横，此指连横。秦国为了对付合纵，采纳张仪的主张，与六国分别结成联盟，以便各个击破。由于秦国在六国的西面，东西联合，所以称『连横』。

译文

国家富强的时候，保持中立的、不偏不倚的态度，不要去做合纵连横的事情，要安然地按兵不动，静观那些残暴的国家互相争斗，搞好政治教化，审察礼义制度，训练百姓，如果一个君主能做到这一点，那他的军队就是天下最强大的军队了；奉行仁义之道，达到最高的政治境界，端正法律条令，选拔贤才良将，使百姓休养生息，如果一个君主做到了这一点，那么他就可以独自拥有天下最美好的名声了。权势使他的地位举足轻重，军队使他强大有力；名声使他美好无比。就是尧、舜那样统一了天下的圣明君主也不能在这三个方面做得更好了。如果把玩弄权术、专搞倾轧的小人清除掉的话，那么，贤能善良明智的君子自然就会到来了；如果刑法政令公正无私，百姓和睦团结，国家的风俗有节制，那么兵力就会变得强大、城防就会变得坚固，敌国自然就会屈服了；一心致力于农业生产，积聚财物，但是不要随意地遗弃抛散，使群臣百姓都按照规章制度来行事，那样，财物就能积聚、国家自然就富足了。如果能做到以上三个方面，那么天下的百姓就会顺从我们，强暴之国的君主自然就不敢侵略我们了。这是什么原因呢？这是因为他已经找不到民众跟他一起来进攻我们了。和他一起来的肯定是他统治下的民众，而他的民众就像喜欢自己的父母一样欢迎我，就像酷爱芳香的芝兰一样热爱我，如果回头看到他们的国君，就像看到了遭到火刑、黥刑的犯人一样厌恶，就像看到了仇人一样愤怒。一个人即使有夏桀、盗跖那样的本性，难道肯为了他所憎恨厌恶的人去迫害他所喜爱的人吗？他的百姓已经被我们争取过来了。因此，古代的人有凭借一个小小的诸侯国夺取天下的，但是并不是跑到别的国家去夺取政权，而是把自己国家的政治搞好，结果，几乎没有人不仰慕他，这样，他就可以铲除强暴制止凶悍了。因此，周公征伐南方的国家时北方的国家都抱怨他，说：

『为什么单单不来我们这里呢？』征伐东方的国家时西面的国家都抱怨，说：『为什么唯独把我们放在后面呢？』谁能够同这样的君主争斗的呢？把自己的国家治理成这样的君主就可以称王于天下。

殷之日，安以静兵息民，慈爱百姓，辟田野，实仓廪，便备用，安谨募选阅材伎之士，然后渐赏庆以先之，严刑罚以防之，择士之知事者使相率贯也，是以厌然畜积修饰，而物用之足也。兵革器械者，彼将日日暴露毁折之中原，我今将修饰之，拊循之，掩盖之于府库。货则粟米者，彼将日日栖迟薛越之中野，我今将畜积并聚之于仓廪。材技股肱、健勇爪牙之士，彼将日日挫顿竭之于仇敌，我今将来致之、并阅之、砥砺之于朝廷。如是，则彼日积敝，我日积完；彼日积贫，我日积富；彼日积劳，我日积佚。君臣上下之间者，彼将厉厉焉日日相离疾也，我今将顿顿焉日日相亲爱也，以是待其敝。安以其国为是者霸。

译文

国家富强的时候，采取停止打仗、使人民休养生息的政策，爱护百姓，开垦田野，充实粮仓，改良设备器用使它们更适用，谨慎地招募、选择、接纳才艺高超的士人，然后加重奖赏来引诱他们，加重刑罚来约束他们，从这些士人中挑选一些明白事理的人率领他们，这样，他们就会安心地积蓄粮食财物、修理改进器械用具，所以可供使用的财物也就十分充足了。兵器盔甲等器械，他国天天把它们丢弃损毁在原野之中，而我们现在都要修理改进它们，爱护保养它们，并把它们收藏起来放在仓库里。货物粮食，他国天天把它们丢弃散落在田野之中，而我们现在把它们储藏、聚集在仓库里。才艺高强的辅佐大臣、健壮勇敢的武士，他国天天让他们受敌人的攻击而遭受挫折，他们生活困顿，筋疲力尽，而我们则在朝廷上公开招募

他们、收容他们、磨炼他们。这样，他国愈来愈破败，我们愈来愈完善；他国愈来愈贫困，我们则愈来愈富有；他国的百姓愈来愈劳苦，我们则愈来愈安逸。君臣、上下之间，他国是严重地互相疏远憎恨，我们则诚恳地更加相亲相爱，我们用这样的方法去等待他们的衰败。把自己的国家治理成这样的君主就能称霸于诸侯。

立身则从佣俗，事行则遵佣故，进退贵贱则举佣士，之所以接下之人百姓者则庸宽惠，如是者则安存。

译文

做人就要遵循一般的风俗习惯，做事就要遵循惯例，在选拔人才，平定贵贱方面推崇的是普通的人，他用来接近老百姓的态度则是宽容和仁爱，像这样的君主就可以安定地生存下来。

原文

立身则轻楛，事行则蠲疑，进退贵贱则举佞倪，之所以接下之人百姓者则好取侵夺，如是者危殆。

译文

做人态度轻率恶劣，做事态度肆无忌惮，选择的人才和提拔的人花言巧语，对待平民百姓的态度是强取豪夺，像这样的君主就必定危险了。

立身则憍暴，事行则倾覆，进退贵贱则举幽险诈故，之所以接下之人百姓者，则好用其死力矣而慢其功劳，好用其籍敛矣而忘其本务，如是者灭亡。

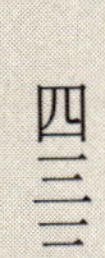

应奉花石

宋徽宗不顾百姓死活，一味争敛财物，并建立应奉局在民间大肆搜刮，使百姓无粮可食，流离失所，最终宋朝被北狄所侵，退守江南，社稷几乎倾覆，可见『好用其籍敛矣而忘其本务，如是者灭亡』，所言非虚。

译文

做人骄傲暴虐，做事反复无常，在选择的人才和提拔的人是阴险狡诈的人，用来对待平民百姓的态度，则是喜欢他们为自己卖命出力而不看重他们的功劳，喜欢横征暴敛而不顾百姓所从事的农业生产，像这样的君主必定会遭到灭亡。

原文

此五等者，不可不善择也，王、霸、安存、危殆、灭亡之具也。善择者制人，不善择者人制之；善择之者王，不善择之者亡。夫王者之与亡者、制人之与人制之也，是其为相县也亦远矣。

译文

以上这五种不同的做法，是不能不认真地加以选择的，它们是称王天下、称霸天下、安存下来、危险、灭亡的条件。

善于选择的，就能制服别人；不善于选择的，就被别人所制服；善于选择的，就能称王天下；不善于选择的，就会遭到灭亡。称王的和灭亡的、制服别人和被别人制服，这中间的悬殊实在是相差太远了。

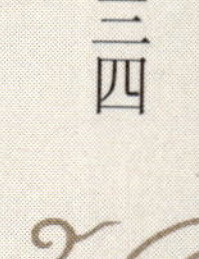

富国

原文

万物同宇而异体，无宜而有用为人，数也。人伦并处，同求而异道，同欲而异知，生也。皆有可也，知愚同；所可异也，知愚分。势同而知异，行私而无祸，纵欲而不穷，则民心奋而不可说也。如是，则知者未得治也；知者未得治，则功名未成也；功名未成，则群众未县也；群众未县，则君臣未立也。无君以制臣，无上以制下，天下害生纵欲。欲恶同物，欲多而物寡，寡则必争矣。故百技所成，所以养一人也。而能不能兼技，人不能兼官，离居不相待则穷，群而无分则争。穷者，患也；争者，祸也。救患除祸，则莫若明分使群矣。强胁弱也，知惧愚也，民下违上，少陵长，不以德为政，如是，则老弱有失养之忧，而壮者有分争之祸矣。事业所恶也，功利所好也，职业无分，如是，则人有树事之患，而有争功之祸矣。男女之合、夫妇之分、婚姻、娉内、送逆无礼①，如是，则人有失合之忧，而有争色之祸矣。故知者为之分也。

注释

①娉：同『聘』，送礼物订婚。内：同『纳』，指纳币，古婚礼六礼之一，派人去送聘书、聘礼到女方家，女方家接受了聘书、聘礼之后复书，婚姻关系就算是确定了。逆：迎。

译文

万物并生共存于宇宙之中而形体各个不同，它们不会主动地去迎合人类的需要但是对人却都有作用，这是一条客观规律。人类在一起群居，同样都有追求而思想原则却各不相同，同样都有欲望而智慧却各不相同，这是人类的本性。人们都有自己所认同的事物，这是智者和蠢人所共有的特点；但是各人所认可的

事物却是不相同的，这是智者和蠢人的区别。如果人们的地位相同而智慧却不相同，谋取私利而不受惩罚，随心所欲而不碰壁，那么人们都将会奋力争竞，求取私欲，而不可说服了。如果像这样，那么有智慧的人就不能够进行治理；有智慧的人不能治理，那么他们的功业和名望就不能建立；他们的功业名望不能建立，那么人群就不会存在等级差别了；人群如果没有了等级差别，那么君主和臣子的关系就没有办法确立起来。如果没有君主来统治臣子，没有上级来控制下级，那么天下的祸患就会因为个人的为所欲为而不断发生了。人们需要和厌弃同样的东西，可需要的多而东西却相对要少，东西少就必定会发生争夺。各个行业的人所制造的各种产品供一个人的需要。一个人的能力不可能同时精通所有部门的技艺，一个人也不可能同时从事所有种类的职业，因此人们如果离群索居而不互相依赖就会陷入困境之中，如果群居在一起而没有名分规定就会发生争夺的情况。陷于困境之中，是一种祸患；争夺的情况，也是一种灾难。要将祸患消除灾难免除，就没有比明确每个人的名分、使人们结合成一个社会群体更好的办法了。如果强暴之人威胁弱小之人，聪明之人害怕愚昧之人，那么下民就可能会违抗君主，年轻之人就可能会欺凌年长之人，不根据礼义来治理政事，像这样，那么年老体弱之人就会有无人养护的忧虑，而身强力壮之人也会有竞相争夺的祸患。做事劳动是人们所厌恶的，功名利益是人们所喜欢的，如果每个人的职事没有名分规定，那么人们就会发生了事情却难以得到解决反而发生互相争夺功劳的祸患了。男女的结合、夫妇的区别、娶妻出嫁、定亲送礼、送女迎亲等如果没有礼制去规定，那么人们就会有失去配偶的忧虑，而有争夺女色的祸患了。因此智者才给人们制定了各种名分。

原文

足国之道：节用裕民，而善臧其余。节用以礼，裕民以政。彼裕民，故多余；裕民，则民富。民富，则田肥以易；田肥以易，则出实百倍。上以法取焉，而下以礼节用之。余若丘山，不时焚烧，无所臧之。夫君子奚患乎无余？故知节用裕民，则必有仁义圣良之名，而且有富厚丘山之积矣。此无他故焉，生于节用裕民也。不知节用裕民，则民贫；民贫，则田瘠以秽；田瘠以秽，则出实不半。上虽好取侵夺，犹将寡获也；而或以无礼节用之，则必有贪利纠诱之名，而且有空虚穷乏之实矣。此无他故焉，不知节用裕民也。《康诰》曰：『弘覆乎天，若德裕乃身。』此之谓也。

译文

使国家富足的方法：节约费用，使民众富裕，并善于收藏那些多余的粮食财物。依照礼制节省费用，采取政治措施使民众富裕。推行节约费用的制度，因此粮食财物就会有盈余；实施使民众富裕的政策，民众就能富裕起来。民众富裕了，那么田地就会肥沃并能得到精心的耕作治理；农田肥沃得到精心耕作，那么生产出来的谷物就会成百倍地增长。国君按照法律制度向他们收税，而臣民又按照礼制规定去使用它们。这样，剩余的粮食财物就会堆积如山，即使不时地被焚毁，也还是多得无处储藏它们。那墨子之类的人还会发愁没有盈余吗？所以懂得节约费用、使民众富裕的人，一定会享有仁爱贤良的好名声，而且还会拥有丰厚的像山陵一样的积蓄。这没有别的缘故，就是由于使用了节约费用、使民众富裕的方法。不懂得节约费用、使民众富裕，那么民众必定会贫困；民众贫困了，那么田地必定会贫瘠而且荒芜；田地贫瘠而且荒芜，那么生产出来的物品还达不到正常收入的一半。这样，国君即使想方设法地去侵占掠夺，也仍将收获

很少；如果又不按照礼制制度节约地使用这些收获，那就必定会获得一个贪婪搜刮的名声，而且还会有粮仓空空穷困贫乏的实际后果。这也没有别的缘故，而是因为不懂得节约费用、使民众富裕。《康诰》说：『广大地庇护民众啊就像上天覆盖大地，顺从礼义道德的标准就能使你本人得到富裕。』说的就是这个道理啊。

礼者，贵贱有等，长幼有差，贫富轻重皆有称者也。故天子袾裷、衣冕，诸侯玄裷、衣冕，大夫裨冕，士皮弁服。德必称位，位必称禄，禄必称用。由士以上则必以礼乐节之，众庶百姓则必以法数制之。量地而立国，计利而畜民，度人力而授事；使民必胜事，事必出利，利足以生民，皆使衣食百用出入相掩，必时臧余，谓之称数。故自天子通于庶人，事无大小多少，由是推之。故曰：『朝无幸位，民无幸生。』此之谓也。

译文

所谓礼，就是高贵的和卑贱的分等级，年长的和年幼的有差别，贫穷的和富裕的、权轻势微的和权重势大的都有和他们的等级相宜的规定。所以天子穿戴的是朱红色的龙袍和礼帽，诸侯穿戴的是黑色的龙袍和礼帽，大夫穿戴的是裨衣和礼帽，士戴的是白鹿皮制成的帽子，穿便服。德行一定要和地位相称，职位一定要和俸禄相称，俸禄一定要和费用相称。从士以上一定要用礼乐制度来节制他们，对平民百姓一定要用法度去治理他们。根据土地的多少来建立行政区域，根据收益的多少来养育百姓，按照人的能力的大小来安排适当的事务；使人民都能胜任自己所从事的事务，这些事务必定会产生收益，而这种收益又足够用来养活百姓，普遍地使百姓的衣食以及各种费用等能收支平衡，一定还能及时地储藏多余的粮食财物，这就叫做合乎法度。因此，从天子到老百姓，事情无论大小多少，都要按照礼制的规定来进行类推。所以说：

『朝廷上没有无德无功而能够侥幸获得官位的人，百姓中没有游手好闲而能够侥幸存活的人。』说的就是这个道理。

轻田野之税，平关市之征，省商贾之数，罕兴力役，无夺农时，如是，则国富矣。夫是之谓以政裕民。

减轻农田山野的赋税，整治关卡集市的收税，减少商人的数量，少兴劳役，不要耽误农时，像这样，那么国家就能富足了。这就叫做用政策来使百姓富裕。

人之生，不能无群，群而无分则争，争则乱，乱则穷矣。故无分者，人之大害也；有分者，天下之本利也；而人君者，所以管分之枢要也。故美之者，是美天下之本也；安之者，是安天下之本也；贵之者，是贵天下之本也。古者先王分割而等异之也，故使或美、或恶，或厚、或薄，或佚乐、或劬劳，非特以为淫泰、夸丽之声，将以明仁之文，通仁之顺也。故为之雕琢、刻镂、黼黻、文章，使足以辨贵贱而已，不求其观；为之钟鼓、管磬、琴瑟、竽笙①，使足以辨吉凶、合欢定和而已，不求其余；为之宫室台榭，使足以避燥湿、养德、辨轻重而已，不求其外。《诗》曰：『雕琢其章，金玉其相，亹亹我王，纲纪四方。』此之谓也。

注释

①管：一种竹制的管状乐器。磬：一种石制的敲击乐器，形状弯曲。瑟：一种弦乐器，由二十五根弦组成。竽：一种像笙而大的乐器。

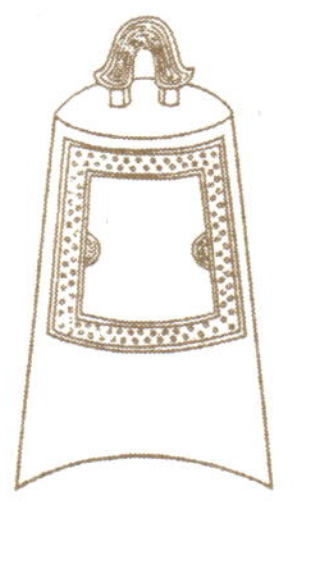

古玉虺钮钟

古玉窖磬

钟磬

我国古代无论吉凶之事，都要以乐器演奏礼仪乐曲，以使人在音乐中领悟礼法道义，获得安乐和谐的生活。

译文

人们生活，不能不组成一个社会群体，但是组合在一起而没有名分等级的限制就会发生纷争，一发生纷争就会产生混乱，一产生混乱就会陷入无法生存的困境之中。所以没有名分等级，是人类最大的祸患；有名分等级，是天下根本利益之所在；而君主是用来掌管名分等级的关键。所以赞美君主，这就是赞美天下之根本；维护君主，这就是维护天下之根本；尊重君主，这就是尊重天下之根本。古代君主将人们划分出等级名分的差异，所以使他们的地位有的高贵有的低下，待遇有的优厚有的微薄，有的安乐有的劳苦，这并非要特地用来造成奢侈放荡或美好贤良的名声，而是要用它来明确隆礼尊贤的礼义制度，并贯彻隆礼尊贤的等级礼乐秩序。所以为人们在各种金、石、玉、木等各种器具上雕刻图案，制作各种颜色的服装，使它们能用来充分辨别贵贱而已，并不追求更多的东西；制造各种钟、鼓、管、磬、琴、瑟、竽、笙等乐器，使它们能充分辨别吉事凶事，让人们能欢乐和谐而已，并不追求其他的；建造了宫、室、台、榭，使人们能充分避免日晒雨淋、修养德性、辨别尊卑而已，并无另外的追求。《诗经》说：『雕琢它们呈现纹章，金玉是它的质料。

勤勤恳恳的君王，是四面八方的纲纪。』说的就是这个道理。

原文

若夫重色而衣之，重味而食之，重财物而制之，合天下而君之，非特以为淫泰也，固以为王天下、治万变、材万物、养万民、兼制天下者，为莫若仁人之善也夫。故其知虑足以治之，其仁厚足以安之，其德音足以化之。得之，则治；失之，则乱。百姓诚赖其知也，故相率而为之劳苦以务佚之，以养其知也；诚美其厚也，故为之出死断亡以覆救之，以养其厚也；诚美其德也，故为之雕琢刻镂、黼黻文章以藩饰之，以养其德也。故仁人在上，百姓贵之如帝，亲之如父母，为之出死断亡而愉者，无它故焉，其所是焉诚美，其所得焉诚大，其所利焉诚多。《诗》曰：『我任我辇，我车我牛，我行既集，盖云归哉！』此之谓也。

译文

至于把色彩丰富的衣服给君主穿，把多种口味的食品给君主吃，积聚多种多样的财物给君主使用，把整个天下都交给君主统治，这并不是特意要用它们来造成放荡奢侈，而不过是为了统一天下、治理各种事变，管理万物，养育百姓，使天下人都得到利益，实在没有比仁德的君主更好的人了。那仁人君子的智慧足以治理天下，他的仁爱厚道足以用来安定天下，他的道德声望足以用来教化天下。得到了这样的人，天下就太平；失去了这样的人，天下就大乱。老百姓确实需要依靠他的智慧，所以才争先恐后地替他劳作，务必让他能够安逸，以此来护养他的智慧；老百姓确实是真心诚意地赞美他的仁厚，所以才为他出生入死来捍卫他，以此来护养他的仁厚；老百姓确实是真心诚意地赞美他的品德，所以才给他在各种器具上雕刻上花纹，制造了各种颜色的礼服，来想方设法地修饰他，以此来养护他的品德。所以仁人君子处在君主的位置

之上，老百姓敬重他就像敬重上帝一样，爱戴他就像爱戴自己的父母一样，为他出生入死也心甘情愿，这并没有别的缘故，而是因为他所确定的政令实在是美好，他所取得的成就实在是巨大，他所带给百姓的利益实在是居多啊。《诗经》说：『我背粮食我拉车，我扶车子我牵牛，我们的事务已完成，吩咐我们都回去。』说的就是这种情况。

原文

故曰：『君子以德，小人以力。力者，德之役也。』百姓之力，待之而后功；百姓之群，待之而后和；百姓之财，待之而后聚；百姓之势，待之而后安；百姓之寿，待之而后长。父子不得不亲，兄弟不得不顺，男女不得不欢。少者以长，老者以养。故曰：『天地生之，圣人成之。』此之谓也。

译文

所以说：『君子靠的是德行，小人靠的是力气。用力气的人受用德行的役使。』百姓的力，依靠君子的德然后才能取得成效；百姓组织在一起，依靠君子的德然后才能和谐；百姓的财物，依靠君子的治理才能够积聚起来；百姓的地位，依靠君子的治理才能够安定；百姓的寿命，依靠君子的仁爱才能够长久。父子之间没有君子的教化就不会相互亲爱，兄弟之间没有君子的教化就不会相互和顺，夫妇之间没有君子的治理就得不到欢愉。青少年依靠君子的治理长大成人，老年人依靠君子的教化得到赡养。古书上说：『天地养育了他们，圣人成就了他们。』说的就是这个道理。

原文

今之世而不然，厚刀布之敛以夺之财，重田野之税以夺之食，苛关市之征以难其事。不然而已矣，有掎

挈伺诈、权谋倾覆，以相颠倒，以靡敝之。百姓晓然皆知其污漫暴乱而将大危亡也。是以臣或弑其君，下或杀其上，粥其城、倍其节而不死其事者，无它故焉，人主自取之也。《诗》曰：『无言不雠，无德不报。』此之谓也。

译文

当今的社会却不是这样。在上位的人加重对钱财的聚敛而夺走百姓的财物，加重对田地山野的赋税来夺走百姓的食物，加重对关卡集市的税收来阻碍百姓的贸易活动。不仅如此，而且还百般敲诈，抓住对方的弱点伺机欺诈，玩弄权术阴谋进行倾轧陷害等种种手段来颠倒是非，败坏世道，摧残百姓。百姓们都清楚地明白他们的污秽肮脏残暴淫乱将会导致极大的危难以至于灭亡。因此，有的臣子杀死了自己的君主，有的下级杀死了自己的上司，有的出卖城池、背叛节操而不为君主的事业卖命，这没有别的缘故，而是君主自作自受的结果啊。《诗经》中说：『说话总会有相应的应答，施恩总会有相应的回报。』说的就是这个道理啊。

原文

兼足天下之道在明分。掩地表亩，刺草殖谷，多粪肥田，是农夫众庶之事也。守时力民，进事长功，和齐百姓，使人不偷，是将率之事也。高者不旱，下者不水，寒暑和节，而五谷以时孰，是天下之事也。若夫兼而覆之，兼而爱之，兼而制之，岁虽凶败水旱，使百姓无冻馁之患，则是圣君贤相之事也。

译文

使天下普遍富足的方法在于明确职分。开垦田地，标明田亩的数量，铲除杂草，种植谷物，多施粪使土地肥沃，这是农民们的事情。遵守农时，督促百姓勤奋劳作，促进生产发展，增加收益，协调百姓，使

仁惠民富

贤能的君主要庇护天下万民，『兼而覆之，兼而爱之，兼而制之』，令百姓无论丰年灾年，都能安乐富足，不会因天时不利而挨饿受冻。

他们不偷懒又不怠惰，这是将帅的事情。使高地不受干旱之灾，洼地不受水涝之祸，寒暑和顺适宜，而五谷按时成熟，这是上天的事情。至于普遍地庇护百姓，普遍地爱抚百姓，普遍地管理百姓，即使遇到饥荒歉收或旱涝之年，百姓也没有挨饿受冻的祸患，这是圣明君主、贤能宰相的事情。

原文

墨子之言，昭昭然为天下忧不足。夫不足，非天下之公患也，特墨子之私忧过计也。今是土之生五谷也，人善治之，则亩数盆，一岁而再获之；然后瓜、桃、枣、李一本数以盆鼓；然后荤菜百疏以泽量；然后六畜禽兽一而剸车：鼋、鼍、鱼、鳖、鳅、鳣以时别，一而成群；然后飞鸟、凫雁若烟海；然后昆虫万物生其间：可以相食养者不可胜数也。夫天地之生万物也，固有余足以食人矣；麻葛、茧丝、鸟兽之羽毛齿革也，固有余足以衣人矣。夫有余不足，非天下之公患也，特墨子之私忧过计也。

译文

墨子的言论，是焦灼不安地为天下人担忧物资日用不够。他所谓的不足，并不是天下共同的忧患，而只不过是墨子个人过分的担

忧。现在这些土地上生长的五谷，只要人们善于经营管理它，每亩田就可以生产几盆谷物，一年可以收获两次；此外，瓜、桃、枣、李等水果每棵的果实也要用盆、鼓来计算；其次，葱、蒜之类以及各种蔬菜也多得要用池泽来量；还有，各种家畜与猎取的禽兽都样样齐全，肥大得一只就要用整车来装；鼋、鼍、鱼、鳖、鳅、鳝按时繁殖，少数几只很快就能繁衍成群；再次，飞鸟、野鸭、大雁之类多得浩如烟海；还有，生长在天地之间的昆虫万物：可以作为食物供人食用的东西多得数不胜数。天地生育万物，本来就绰绰有余，足以用来供给人食用；麻、葛、蚕丝、鸟兽的羽毛牙齿皮革等，本来就足以供给人穿戴。那所谓的物资不足，并不是天下共同的忧患，而只不过是墨子个人过分的担忧罢了。

原文

天下之公患，乱伤之也。胡不尝试相与求乱之者谁也？我以墨子之『非乐』也，则使天下乱；墨子之『节用』也，则使天下贫。非将堕之也，说不免焉。墨子大有天下，小有一国，将蹙然衣粗食恶，忧戚而非乐。若是，则瘠；瘠，则不足欲；不足欲，则赏不行。墨子大有天下，小有一国，将少人徒，省官职，上功劳苦，与百姓均事业、齐功劳。若是，则不威；不威，则罚不行。赏不行，则贤者不可得而进也；罚不行，则不肖者不可得而退也。贤者不可得而进也，不肖者不可得而退也，则能不能不可得而官也。若是，则万物失宜，事变失应，上失天时，下失地利，中失人和，天下敖然，若烧若焦；墨子虽为之衣褐带索，啜菽饮水，恶能足之乎？既以伐其本，竭其原，而焦天下矣。

译文

天下共同的祸患，是混乱造成的。为什么不尝试着探讨一下造成天下混乱的是谁呢？我认为，墨子『非乐』的观点会造成天下混乱，墨子『节用』的主张会使天下贫穷。我并不是要诋毁墨子，只是他的学说不可避免地会导致这样的结果。如果让墨子权势大得足以掌管天下，或者小到统治一个诸侯国，他就会忧心忡忡地穿粗布衣服、吃劣质的食品，忧愁地反对音乐。如果像这样，那么人们的生活就一定非常菲薄，生活菲薄，人们的生活欲望就得不到满足；得不到满足，那么对有功劳之人的奖赏就没有办法实行。如果让墨子的权势大得足以掌管天下，或者小到统治一个诸侯国，那他将会减少仆从，减少官职，崇尚辛勤劳苦，与百姓从事同样的事情，功劳也是一样的。如果像这样，君主就没有威严；君主没有威严，那么处罚就不能执行。奖赏无法实行，那么有德才的人就不能得到任用；处罚无法实行，那么坏人就得不到罢免。有德才的人得不到任用，坏人不能够罢免，那么有才能的人和没有才能的人就得不到适当的职事。如果像这样，那么就会万物失调，突发的事件就得不到及时的处理，上错失天时，下丧失地利，中失掉人和，天下都愁苦不堪，像被熬干了一样；墨子即使为百姓穿粗布衣服，用粗绳做腰带，吃豆类，喝白水，又怎么能使百姓富足呢？既然已经砍掉了根本，又枯竭了源头，当然就会使天下财物枯竭了。

原文

故先王圣人为之不然，知夫为人主上者不美不饰之不足以一民也，不富不厚之不足以管下也，不威不强之不足以禁暴胜悍也。故必将撞大钟、击鸣鼓、吹笙竽、弹琴瑟以塞其耳；必将锢琢刻镂、黼黻文章以塞其目；必将刍豢稻粱、五味[①]芬芳以塞其口；然后，众人徒、备官职、渐庆赏、严刑罚以戒其心，使天下生民之属，皆知己之所愿欲之举在是于也，故其赏行；皆知己之所畏恐之举在是于也，故其罚威。赏行罚威，则贤者可得而进也，不肖者可得而退也，能不能可得而官也。若是，则万物得宜，事变得应，上得天时，下

鼓

鼓，是我国古代的乐器。此处以『钟鼓喤喤，管磬玱玱』来描述天下百姓安居乐业，和谐安乐的情景。

得地利，中得人和，则财货浑浑如泉源，汸汸如河海，暴暴如丘山，不时焚烧，无所臧之，夫天下何患乎不足也？故儒术诚行，则天下大而富，使有功，撞钟击鼓而和。《诗》曰：『钟鼓喤喤，管磬玱玱，降福穰穰。降福简简，威仪反反。既醉既饱，福禄来反。』此之谓也。

注释

①五味：即甜、咸、酸、苦、辣，此处指蜜、盐、醋、酒、姜等调味品烹制的佳肴。

译文

古代的帝王圣人就不是这样做的，他们懂得作为百姓的君主，不使自己华美，不装饰自己，就没有办法统一民心；不使自己财产富足，待遇优厚，就不足以管理臣民；不使自己威严强大，就不能够禁止残暴战胜凶悍。所以必须要撞大钟、敲鸣鼓、吹笙竽、弹琴瑟来满足自己的耳朵；必须要在器物上雕刻各种花纹、在礼服上绘制各种图案来满足自己的眼睛；必须要用牛羊猪狗等各种肉、稻米谷子等细粮，用各种调料烹调得很美味来满足自己的嘴巴；此外，还要增多随从、配备各种官职、加重奖赏、严格刑罚来警戒人们的心，使天下所有的人民都知道自己所向往所喜爱的全在君主这里，于是君主的奖赏得以实行；都知道自己所畏惧害怕的全都在君主这里了，于是君主的处罚就有了威力。奖赏得到实施，而处罚有了威力，那么有德才的人就能得到任用，坏人就会得到贬斥，有才能的人和没有才能的人都得到适当的职事。如果像这样，那么万物就得到适当的利用，突发的事件就得到及时的处理，上得到天时，下得到地利，中得到人和，于是财物就会像湍急的源泉那样滚滚而来，会像江河海洋那样浩浩荡荡没有边际，会像崇山峻岭一样高大堆积起来，即使时常烧掉，财物也多得没有地方收藏，那天下还怕不富足吗？所以儒家的学说如果真的能够实行，那么天下就会太平而且富足，民众就能被役使而且有成效，音乐盛行而和睦相处。《诗经》中说：『钟鼓敲得咚咚响，管磬相和声锵锵，幸福纷纷从天降。天赐幸福宽又广，威严仪容多端庄。酒醉饭饱德无量，福禄往复无穷尽。』说的就是这种情况。

故墨术诚行，则天下尚俭而弥贫，非斗而日争，劳苦顿萃而愈无功，愀然忧戚非乐而日不和。《诗》曰：『天方荐瘥，丧乱弘多。民言无嘉，憯莫惩嗟。』此之谓也。

所以如果天下真的实行了墨子的学说，那么天下就会崇尚节俭而更加地贫穷，反对争斗而一天比一天争夺得更加厉害，勤劳辛苦困顿憔悴而更加地没有成效，哭丧着脸忧愁地反对音乐而一天比一天更加地不和乐。《诗经》中说：『上天正在降下疾病，死亡祸乱非常的多。民众开口没有赞许，你竟然从未警醒过。』说的就是这种情况。

原文

垂事养民，拊循之，唲呕之，冬日则为之饘粥，夏日则与之瓜麸，以偷取少顷之誉焉，是偷道也；可以少顷得奸民之誉，然而非长久之道也；事必不就，功必不立，是奸治者也。傮然要时务民，进事长功，轻非誉而恬失民，事进矣而百姓疾之，是又不可偷偏者也；徙坏堕落，必反无功。故垂事养誉，不可；以遂功而忘民，亦不可。皆奸道也。

放下应该做的事情，而用小恩小惠去养育民众，安抚他们，疼爱他们，冬天为他们熬煮粥饭，夏天为他们准备瓜果、大麦粥，以此来窃取一时的名誉，这是苟且不正当的做法；虽然可以在短时间内得到一些奸邪之人的赞誉，但是决不是长久之计；其结果，事业必定不会取得成功，功绩必定不能建立，这是违背礼义的治国方法。急急忙忙赶着时节去使民众从事劳役，追求事业的进展和功效的迅速增长，不把百姓的毁誉放在心上，任凭民心的丧失，事情虽然有进展百姓却怨声载道，这又是一种不正当的行为；最终会败坏堕落，必定反而没有任何功效。所以放下应该做的事情而沽名钓誉，是不行的；因为要成就功业而不顾百姓，也是不行的。这些都是不合礼义的办法。

故古人为之不然。使民夏不宛暍，冬不冻寒，急不伤力，缓不后时，事成功立，上下俱富，而百姓皆爱其上，人归之如流水，亲之欢如父母，为之出死断亡而愉者，无它故焉，忠信、调和、均辨之至也。故君国长民者，欲趋时遂功，则和调累解，速乎急疾；忠信均辨，说乎赏庆矣；必先修正其在我者，然后徐责其在人者，威

流水

水向低处流，是自然而然的事。君主如能爱护百姓如同自己的子女，酷暑不会令他们生病，严寒不会使他们冻伤，天下百姓归附他就会像水流向低处一样，是自然的了。

乎刑罚。三德者诚乎上，则下应之如景向，虽欲无明达，得乎哉？《书》曰：『乃大明服，惟民其力懋，和而有疾。』此之谓也。

译文

古人做事就不是这样。古代的君主役使民众的时候，夏天不会让他们闷热中暑，冬天不会让他们被严寒所冻，紧急的时候不伤害百姓的劳力，事物缓和的时候也不耽误农时，结果事业成就、功绩建立，君主和臣民都非常富裕，因而百姓都爱戴他们的君主，像流水归入大海一样地归附他、亲近他，高兴得就像亲近自己的父母，为了他出生入死也心甘，这没有别的缘故，而是因为君主忠信、调和、公正。所以统治国家养育人民的君主，要想争取时间建立功业，那么用调和宽缓的办法，比用急于求成的方法更快；用忠信公平的方法比赏赐更令人喜悦；必定先纠正自己身上的缺点，然后再慢慢地去纠正别人身上的缺点，这样的威力比使用刑罚更大。调和宽缓、忠信公平、正人先正己这三种德行，如果君主能够真正实行，那么臣民们就会如影随形，像回声一样积极响应，即使想不显赫通达，可能吗？《尚书》中说：『君主非常英明地统治百姓，百姓就会尽力劳作，协调而又迅速。』说的就是这个道理啊。

高木

树木的根粗壮，枝叶就会繁盛；相反，如果树木根部羸弱，枝叶就会稀疏。与此同理，帝王以美德教化民众，百姓才会安乐，国家才能富强。

原文

故不教而诛，则刑繁而邪不胜；教而不诛，则奸民不惩；诛而不赏，则勤励之民不劝；诛赏而不类，则下疑、俗俭而百姓不一。故先王明礼义以一之；致忠信以爱之；尚贤使能以次之；爵服庆赏以申重之；时其事、轻其任以调齐之；潢然兼覆之，养长之，如保赤子。若是，故奸邪不作，盗贼不起，而化善者劝勉矣。是何邪？则其道易，其塞固，其政令一，其防表明。故曰：『上一则下一矣，上二则下二矣；辟之若草木，枝叶必类本。』此之谓也。

译文

不实施教化就进行惩罚，那么刑罚就会烦乱复杂，反而不能制服邪恶；只讲教化而不进行惩罚，那么奸邪的人就不会受到惩罚；只进行惩罚而不实行奖赏，那么勤劳努力的人就不会受到鼓励；有惩罚有奖赏，但如果赏罚不当，百姓就会疑虑、社会风气就会险恶而百姓就不会齐心一致。所以古代的圣王彰明礼制道义来统一百姓，努力做到忠诚信实来爱护百姓，崇尚贤人、任用有才能的人，按照他们的品德能力来排定职位；用爵位、服饰、表扬、奖赏来激励他们；按照时节来安排他们的劳作、减轻他们的负担来协调统一他们；广泛普遍地保护他们，抚养他们，就像保护初生的婴儿一样。如果像这样，那么奸诈邪恶的人就不会产生，盗贼也就不会出现了，而得到感化而改恶从善的人就会受到鼓励了。这是为什么呢？就是因为古代圣王引导人们为善的方法简便易行，他灌输给人们的思想非常牢固，他的政策法令稳定统一，他的制度措施明确清晰。古语说：『上面统一，下面就会统一；上面四分五裂，下面也就四分五裂；就好像草木一样，什么根长出什么样的枝叶。』说的就是这个道理。

原文

不利而利之，不如利而后利之之利也。不爱而用之，不如爱而后用之之功也。利而后利之，不如利而不利者之利也。爱而后用之，不如爱而不用者之功也。利而不利也、爱而不用也者，取天下矣。利而后利之、爱而后用之者，保社稷也。不利而利之、不爱而用之者，危国家也。

译文

不给予百姓利益而是向百姓身上索取利益，不如先给予百姓利益然后再向他们身上索取利益有利。不爱护百姓而驱使他们，不如爱护他们以后再驱使他们更加有效。给予百姓利益而后从百姓那里索取利益，不如只给予百姓利益而不向百姓索取有利。爱护百姓而后役使他们，不如爱护百姓而不去役使他们更有利。给予百姓利益而不索取利益，爱护而不驱使的，是取得天下的君主。给予利益然后再索取利益，爱护百姓然后再驱使百姓的，是保有天下的君主。不给予百姓利益而只是索取，不爱护百姓而只是驱使的，是危害国家的君主。

原文

观国之治乱臧否，至于疆易而端已见矣。其候徼支缭，其竟关之政尽察：是乱国已。入其境，其田畴秽，都邑露：是贪主已。观其朝廷，则其贵者不贤；观其官职，则其治者不能；观其便嬖，则其信者不悫：是暗主已。凡主相臣下百吏之俗，其于货财取与计数也，须孰尽察；其礼义节奏也，芒轫僈楛：是辱国已。其耕者乐田，其战士安难，其百吏好法，其朝廷隆礼，其卿相调议：是治国已。观其朝廷，则其贵者贤；观其官职，则其治者能；观其便嬖，则其信者悫：是明主已。凡主相臣下百吏之属，其于货财取与计数也，宽饶简易；其于礼义节奏也，陵谨尽察：是荣国已。贤齐，则其亲者先贵；能齐，则其故者先官；其臣下百吏，污者皆化而修，悍者皆化而愿，躁者皆化而悫：是明主之功已。

译文

观察一个国家的治乱好坏，来到它的边界就可以看到端倪了。如果那个国家的哨兵来回不断地巡逻，那个国家边境的关卡非常严苛，这就是个混乱的国家。进入国境，它的田地荒芜，城镇破败，这个国家的君主一定是个贪婪的君主。观察他的朝廷，那些地位高贵的人并不贤良；考察他的官员，那里处理政事的人并无才能；看看他的左右亲信，那些被君王信任的人并不诚实，这个国家的君主就是个昏庸的君主了。凡是君臣上下所有的大小官员，对于货物钱财的收取和支出的计算，都谨慎仔细地检查；但是他们对于礼义制度，茫然无知、怠慢马虎，这样的国家是被人欺凌的国家。那个国家的农民乐意种田，他的战士不避危难，他的百官都依照法律办事，他的朝廷崇尚礼义，他的卿相协调商议国事，这样的国家就是治理得非常好的国家。观察他的朝廷，那些地位高贵的人非常贤良，考察他的官员，那些处理政事的人都非常有

禹畎浍图

大禹是我国古代治水的贤王，同时，他还是一位懂得发展农业，体恤百姓的明君。因他懂得『田野县鄙者，财之本也；垣窌仓廪者，财之末也』的道理，百姓才会在十年大灾之后，过上安乐的生活。

才干；看看君王的左右亲信，君王信任的人都非常诚实，这个国家的君主就是个圣明的君主。凡是君臣上下大小官员，对于货物钱财的收取和支出的计算手续宽松简便；他们对于礼义法度，严肃认真、一丝不苟，这样的国家就是个繁荣昌盛的国家。如果都是同样的贤德，那么有亲戚关系的人先尊贵；如果都是一样的有能力，那么有故旧关系的人先得到官职；他的臣下百官，思想行为肮脏的都受到感化变得善良美好，凶狠强暴的受到感化都变得朴实善良，狡猾奸诈的受到感化都变得忠厚老实，这一切都是圣明君主的功劳。

原文

观国之强弱贫富有征：上不隆礼，则兵弱；上不爱民，则兵弱；已诺不信，则兵弱；庆赏不渐，则兵弱；将率不能，则兵弱。上好功，则国贫；上好利，则国贫；士大夫众，则国贫；工商众，则国贫；无制数度量，则国贫。下贫，则上贫；下富，则上富。故田野县鄙者，财之本也；垣窌仓廪者，财之末也。百姓时和、事业得叙者，货之源也；等赋府库者，货之流也。故明主必谨养其和，节其流，开其源，而时斟酌焉，潢然使天下必有余，而上不忧不足。如是，则上下俱富，交无所藏之，是知国计之极也。故禹十年水，汤七年旱，而天

下无菜色者；十年之后，年谷复孰，而陈积有余。是无它故焉，知本末源流之谓也。故田野荒而仓廪实，百姓虚而府库满，夫是之谓国蹶。伐其本，竭其源，而并之其末，然而主相不知恶也，则其倾覆灭亡可立而待也。以国持之，而不足以容其身，夫是之谓至贪，是愚主之极也。将以求富而丧其国，将以求利而危其身，古有万国，今有十数焉，是无它故焉，其所以失之一也。君人者，亦可以觉矣。百里之国，足以独立矣。

译文

观察一个国家的强弱贫富也有一定的征兆：君主不崇尚礼义，那兵力就会衰弱；君主不爱护百姓，那兵力就会衰弱；禁止与允诺不能诚信，那兵力也会衰弱；奖赏不厚重，那兵力就会衰弱；将帅无能，那兵力就会衰弱。君主好大喜功，那国家就会贫穷；君主贪图利益，那国家就会贫穷；士大夫众多，那国家就会贫穷；工匠商人众多，那国家就会贫穷；耗费钱财而没有明确的规章制度，那国家就会贫穷。百姓贫穷，那君主就会贫穷；百姓富裕，那君主就会富裕。因此田野乡村，是财物的根本；粮囤地窖谷仓米仓，是财物的末梢。百姓顺应天时耕作，生产有条不紊，这是财富的源头；按照等级征收的赋税来充实国库，这是财富支流。所以圣明的君主必定谨慎地顺应天时节气的变化，节制支流，开拓源头，而且对钱财的收支随时加以斟酌，使天下百姓都有一定的盈余，君主也就不会再为财富不够而担忧了。如果像这栏，那么君主和民众都会富足，都没有储藏财物的地方了，这是最懂得国计民生的方法。所以夏禹时虽然碰上了十年水灾，商汤时遇到了七年旱灾，但天下并没有面有菜色的人；十年水灾之后，七年旱灾之后，谷物又都得到了丰收，而旧有的储备粮还有剩余。这并没别的缘故，而是因为他们懂得本末、源流关系的缘故。所以，田野荒芜而国家的粮仓却是充实的，百姓家里空空荡荡而国家的仓库却是满满的，这可以叫做国家将亡。砍断了根本，

磐石

国家富足，国君知礼，则国家无敌国外患，『为名者否，为利者否，为忿者否』。以此国家安定有如磐石，社稷也会久长。

枯竭了源头，甚至聚敛了他的末梢，汇聚了他的支流，但是君主与相国还不知道事情的严重，那么国家的覆亡很快就要到来了。用整个国家来扶持供养他，还保不住他自己，这就叫做最大的贪婪，是最愚蠢的君主。想要求得富裕反而丧失了自己的国家，本来想要追求利益反而危害了本身，古时候有许许多多个国家，现在只有十几个，这没有别的缘故，之所以这样，道理都是相同的。统治人民的君主，也该醒悟了吧。百里见方的小国，是完全可以独立存在的。

原文

凡攻人者，非以为名，则案以为利也；不然，则忿之也。仁人之用国，将修志意，正身行，伉隆高，致忠信，期文理。布衣紃屦之士诚是，则虽在穷阎漏屋，而王公不能与之争名；以国载之，则天下莫之能隐匿也。若是，则为名者不攻也。将辟田野，实仓廪，便备用，上下一心，三军同力。与之远举极战，则不可。境内之聚也保固，视可，午其军，取其将，若拨麷；彼得之不足以药伤补败。彼爱其爪牙，畏其仇敌。若是，则为利者不攻也。将修小大、强弱之义以持慎之，礼节将甚文，珪璧将甚硕，货赂将甚厚，所以说之者必将雅文辩慧之君子也。彼苟有人意焉，夫谁能忿之？若是，则

忿之者不攻也。为名者否，为利者否，为忿者否，则国安于盘石，寿于旗、翼。人皆乱，我独治；人皆危，我独安；人皆失丧之，我按起而制之。故仁人之用国，非特将持其有而已矣，又将兼人。《诗》曰：『淑人君子，其仪不忒。其仪不忒，正是四国。』此之谓也。

译文

凡是进攻别国者，不是为了追求惩除暴虐的美名，就是为了要谋取利益；否则，就是为了愤怒。仁德之人治理国家，会修养意志，端正行事，达到崇高的礼义的境界，做到忠厚有信用，极其遵循法度。即使穿布衣、麻鞋的读书人，只要他们能确实做到这些，那么虽然住在偏僻的穷巷陋屋之中，而天子诸侯也没有能力和他争夺名望；如果把国家大事委任给他，这样的仁人君主，天下就没有谁能埋没他的崇高德行。像这样，那么为追求美名的人就不会来攻击他了。讲究仁德的人治理国家，会开垦田野，充实粮仓，改进设备器械，上下团结一心，三军共同努力。如果仅仅靠孤军奋战，那肯定不行。因为还要使境内的城镇坚实牢固，看到情况许可了，再去迎击敌人，擒获他们的将领就像掰断麦芽一样容易。敌军所得到的还不够用来医治伤员、弥补损失。他们还得顾惜自己的武将，又惧怕敌人，像这样，那么为谋利而攻战的人就不会来进攻了。讲究仁德的人治理国家，将会谨慎遵行大国与小国、强国与弱国之间的道义，礼节更加完善，会见时赠送的玉器将特别的大，敬献的礼品将更加的丰厚，派遣的使者必定是文辞优雅善辩聪慧的君子。那别国的君主如果有人心的话，谁还能怨恨这样的仁人君主呢？像这样，那么出于怨恨而进攻的人就不会来进攻了。追求美名的人不来攻打，谋取利益的人不来攻打，要发泄怨愤的人也不来攻打，那么国家就会像磐石一样稳固，像天上的恒星一样长寿。别的国家都混乱，只有他的国家治理得好；别的国家都危险，只有他的国家安稳；别的国家都丧权失国，他便起来征服他们。所以讲究仁德的人治理国家，不单单将保住他自己所有的，还要征服天下之人心。《诗经》中说：『善人君子忠于仁，坚持道义没有差错。他的道义没有差错，可以治理四方的国家。』说的就是这个道理。

原文

持国之难易：事强暴之国难，使强暴之国事我易。事之以货宝，则货宝单而交不结；约信盟誓，则约定而畔无日；割国之锱铢以赂之，则割定而欲无厌。事之弥顺其侵人愈甚，必至于资单、国举然后已。虽左尧而右舜，未有能以此道得免焉者也。辟之，是犹使处女婴宝珠、佩宝玉、负戴黄金，而遇中山之盗也，虽为之逢蒙视，诎要桡腘，君卢屋妾，由将不足以免也。故非有一人之道也，直将巧繁拜请而畏事之，则不足以持国安身。故明君不道也。必将修礼以齐朝，正法以齐官，平政以齐民；然后节奏齐于朝，百事齐于官，众庶齐于下。如是，则近者竞亲，远方致愿，上下一心，三军同力，名声足以暴炙之，威强足以捶笞之，拱揖指挥，而强暴之国莫不趋使，譬之是犹乌获与焦侥搏也①。故曰：『事强暴之国难，使强暴之国事我易。』此之谓也。

注释

①乌获：传说是秦国的大力士，能举千斤。焦侥：传说中的矮子，身高只有三尺。

译文

保住国家的难易之法：用事奉强暴的国家的方法来保住自己的国家是困难的，采取使强暴的国家事奉我们的方法来保住自己的国家是容易的。因为用财宝去事奉强暴的国家，那么财宝用完了而邦交仍没有缔结；采取订立盟约、立誓言的方法，可是盟约刚刚签订好了不久强国就会毁约；割让少量的国土来贿赂强国，割让完毕之后，强国的欲望却没有满足。对强国事奉得越依顺，它的侵略就越发的厉害，一定要到了使别国财物用尽、把国家全部给他然后才会罢休。即使你身边有尧、舜等贤人的辅助，也不可能用这种方法使自己避免灭亡。这就好比是让一个姑娘脖子上系着宝珠、身上佩着宝玉、背着黄金，却遇到了山中的强盗一样，即使那个姑娘只敢眯着眼睛看，弯腰屈膝，像穷人家的子女一样，仍然不可避免被抢劫的厄运。所以，如果没有使本国百姓人心一致来对抗强国，只希望用花言巧语，畏怯地事奉强国，是完全不能够保住自己的国家，使自己安然无恙的。所以圣明的君主不采用这样的方法，而必定是修订礼制来整治朝廷，端正法制来统一官吏，公正地处理政事来统一百姓，从而使礼义制度能够在朝廷上得到严格执行，各种事情在官府中治理得有条不紊，黎民百姓在下层齐心合力。像这样，那么邻近国家的人就会争先恐后地来亲近，远方国家的人也愿意来归附。国内上下团结一心，三军共同努力；这样，名声威震天下，威力足以镇服强暴；只要从容地指挥，而强暴的国家没有不被驱使的。这就好像是力举千斤的乌获和矮子焦侥搏斗一样。所以说：『采取事奉强暴国家的方法来保住自己的国家是困难的，而采取使强暴的国家事奉我们的办法来保住自己的国家就容易了。』说的就是这个道理。

商鞅变法

商鞅变法时，曾以五十金赏搬动木柱者，以此来确立新法的威信。由于政令施以信，国力增强，秦国很快成为可与中原各国抗衡的强国。

王霸

原文

国者，天下之制利用也；人主者，天下之利势也。得道以持之，则大安也，大荣也，积美之源也；不得道以持之，则大危也，大累也，有之不如无之，及其綦也，索为匹夫不可得也，齐湣[①]、宋献是也。故人主，天下之利势也，然而不能自安也，安之者必将道也。故用国者，义立而王，信立而霸，权谋立而亡。三者，明主之所谨择也，仁人之所务白也。

注释

①齐湣：齐闵王，战国时齐国国君，他执政时齐国曾一度非常强大，后来齐国被多国联军所败，齐闵王被逐。宋献：即宋康王，名偃，前329年自立为宋国国君，前286年，被齐闵王所灭。

译文

国家是天下最重要的工具，君主处于天下最有权力的地位。如果能用正确的治国原则去掌握它们，就会使国家得到最大的安定和繁荣昌盛，成为一切美好业绩和名声的源泉；如果不能用正确的治国原则去掌握它们，就会使国家遭到非常大的危险和祸患，这样，

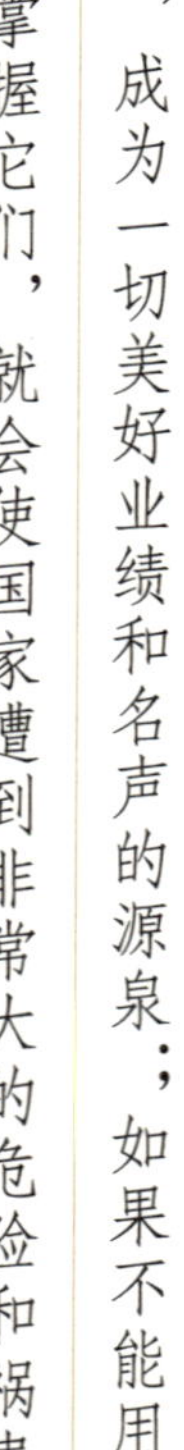

有了它还不如没有它。这种情况发展到极点，要求做个普通的百姓也办不到，齐闵王、宋献公就是这样的。所以，君主处于天下最有权力的地位，但不一定使自己得到安定，要安定就一定要执行正确的治国原则。所以，治理国家的人，施行道义就可以称王天下了，恪守信用就能称霸诸侯，玩弄权术谋略就会灭亡。这三种情况，是圣明的君主要慎重选择的，是讲究仁德之人必须明白的。

原文

挈国以呼礼义而无以害之，行一不义、杀一无罪而得天下，仁者不为也，擽然扶持心国，且若是其固也！之所与为之者，之人则举义士也；之所以为布陈于国家刑法者，则举义法也；主之所极然帅群臣而首乡之者，则举义志也。如是，则下仰上以义矣，是綦定也。綦定而国定，国定而天下定。仲尼无置锥之地，诚义乎志意，加义乎身行，箸之言语，济之日，不隐乎天下，名垂乎后世。今亦以天下之显诸侯诚义乎志意，加义乎法则度量，箸之以政事，案申重之以贵贱杀生，使袭然终始犹一也。如是，则夫名声之部发于天地之间也，岂不如日月雷霆然矣哉？故曰：以国齐义，一日而白，汤、武是也。汤以亳，武王以鄗，皆百里之地也，天下为一，诸侯为臣，通达之属，莫不从服，无它故焉，以济义矣。是所谓义立而王也。

译文

提倡礼义来治理国家而绝不用什么东西去妨碍它，如果做一件不义的事、杀一个无罪的人而取得天下，这种事讲究仁德的人是绝不会干的，像坚硬的石头那样坚定地维护和控制着自己的思想和国家。所以，和他一起行动的人，都是符合道义的人；那些在国内颁布的刑法，就都是符合道义的法；那些他所急切地统率群臣去追求的，就都是符合道义理想的。像这样，那么臣民们就会依据道义来敬仰君主，这样国家的基础就巩固了。国家的基础稳固了，国家就安定了；国家安定了，天下就安定了。孔子没有立锥之地，但由于他真正用道义来指导自己的意志和思想，落实在自己的行为上，并表现在言谈中，到成功的时候，他就显扬于天下，名声流传到后代。现在如果也让天下显赫的诸侯们用道义来指导自己的意志和思想，落实到各种法令制度上，并将它体现在政事中，反复强调它，又用提拔、废黜、处死、赦免等手段，使它贯彻如一。像这样，那么他的名声就会在天地之间光大，难道不像日月雷霆那样显赫吗？所以说：使国家统一于道义，这个国家的名声很快就会显赫，商汤、周武王就是这样。商汤凭借着亳，周武王凭借着鄗，都只不过是方圆百里的小国，但却统一了天下，诸侯做了他们的臣下，凡交通能到达的地方，没有不归服的，这没有其他的缘故，而是因为他们完全实现了道义。这就叫做施行道义而称王天下。

原文

德虽未至也，义虽未济也，然而天下之理略奏矣，刑赏已诺信乎天下矣，臣下晓然皆知其可要也。政令已陈，虽睹利败，不欺其民；约结已定，虽睹利败，不欺其与。如是，则兵劲城固，敌国畏之；国一綦明，与国信之。虽在僻陋之国，威动天下，五伯是也。非本政教也，非致隆高也，非綦文理也，非服人之心也；乡方略，审劳佚，谨畜积，修战备，齺然上下相信，而天下莫之敢当。故齐桓、晋文、楚庄、吴阖闾、越句践，是皆僻陋之国也，威动天下，强殆中国，无它故焉，略信也。是所谓信立而霸也。

德行虽然还没有达到完美的程度，道义虽然还没有完全实现，然而治理天下的事理大体上具备了，刑罚与奖赏，禁止与许诺都能取信于天下，臣下都明白地知道他是可以相信的。政令已经发布，即使看到有

乐毅灭齐

齐闵王在位时，齐国强大，曾破楚、屈秦、举宋，败燕，一时间天下各国无有可与匹敌者，但最终还是为四国所灭，大概是『无信』、『无义』的缘故吧。

弊病，也不失信于他的百姓；与诸侯国的盟约已经签订，即使看到弊病，也不失信于他的盟友。像这样，就会军队强大、城池牢固，而敌国畏惧；国家上下统一，道义彰明，而同盟国信任他。即使是地处偏僻的国家，也会威震天下。五霸就是这样。他们虽然没有将政治教化作为立国的根本，不是极其崇尚礼法，没有健全礼义制度，也没有使天下人心悦服；但是他们注重方针策略，注意使民众有劳有逸，谨慎地积蓄财物，加强战备物资的休整，君臣上下像上下牙齿一样地契合，因而天下也就没有人敢与他们为敌。齐桓公、晋文公、楚庄王、吴王阖闾、越王勾践，这些人统治的都是地处偏僻的国家，却能威震天下，强大到足以危及中原各国，这没有其他的缘故，就是因为他们能够取信于天下啊。这就叫做恪守信义而称霸诸侯。

挈国以呼功利，不务张其义、济其信，唯利之求，内则不惮诈其民而求小利焉，外则不惮诈其与而求大利焉，内不修正其所以有，然常欲人之有。如是，则臣下百姓莫不以诈心待其上矣。上诈其下，下诈其上，则是上下析也。如是，则敌国轻之，与国疑之，权谋日行，而国不免危削，綦之而亡，齐闵、薛公①是也。故用强齐，非以修礼义也，非以本政教也，非以一天下也，绵绵常以结引驰外为务。故强，南足以破楚②，西足以诎秦③，北足以败燕④，中足以举宋⑤；及以燕、赵起而攻之⑥，若振槁然，而身死国亡，为天下大戮，后世言恶，则必稽焉。是无它故焉，唯其不由礼义而由权谋也。三者，明主之所谨择也，而仁人之所务白也。善择者制人，不善择者人制之。

注释

①薛公：战国时期齐国的贵族，姓田，名文，号孟尝君，因为袭其父田婴的封爵而封于薛（今山东滕县南），因此称薛公。曾任齐闵王的相。②破楚：指齐闵王二十三年和秦国一起打败楚国之事。③诎秦：诎，同『屈』。屈秦，使秦国屈服。指齐闵王二十六年与韩、魏一起攻打秦国，一直打到函谷关。④败燕：指齐闵王十年乘燕国内乱而打败燕国之事。⑤举宋：指齐闵王三十八年攻占宋国。⑥及以：相当于『及』。燕、赵起而攻之：指前284年燕国联合赵、魏、韩、秦等国攻占齐国都城临淄。

译文

提倡功利来治理国家，不致力于伸张道义，不实现信誉，唯利是图，对内则肆无忌惮地欺诈自己的百姓来贪求蝇头小利，对外则不惜欺骗盟国来追求大利，在内不好好治理已有的土地财富，却常常去追求别人所拥有的土地财富。像这样，臣下、百姓就没有不用欺诈的心来对待他们的君主的。君主欺诈臣民，臣民欺诈君主，这就是上下离心离德。像这样，那么敌国就会轻视他，盟国就会怀疑他，权术谋略一天天地盛行，国家就不免危险削弱，发展到了极点，国家就会灭亡了，齐闵王、孟尝君就是这样。他们原本掌握着强大的齐国，却不是用权力去修明礼义，不因此而将政治教化作为立国之本，不用来统一天下，而是将不断地勾结别国、四处纵横游说作为自己的追求目标。所以，他们强大的时候，向南能够攻破楚国，向西能够使秦国屈服，向北能打败燕国，向中能够攻占宋国；可是等到燕国、赵国一起攻打齐国的时候，就像秋风扫落叶一样，齐闵王便身死国亡，受到天下人的攻击。后代的人谈起恶人，就必定会以他们为鉴。这并没有其他的缘故，只是因为他们不遵循礼义而遵循权术阴谋啊。这三种情况，是圣明的君主之所以要谨慎选择的，也是讲究仁德的人必须要明白的。善于选择的人统治别人；不善于选择的人被别人所统治。

国者，天下之大器也，重任也，不可不善为择所而后错之，错之险则危；不可不善为择道然后道之，涂秽则塞；危塞，则亡。彼国错者，非封焉之谓也，何法之道、谁子之与也。故道王者之法，与王者之人为之，则亦王；道霸者之法，与霸道之人为之，则亦霸；道亡国之法，与亡国之人为之，则亦亡。三者，明主之所以谨择也，而仁人之所以务白也。

国家，是天下最大的工具，是最沉重的任务。不能不妥善地为它选择治理的人，然后来安置它，如果把它安置在险恶之人的手中就危险了；不能不妥善地为它选择治理的原则，然后实施这种治国原则。如果治国的原则污浊，国家的道理就会堵塞；危险、受阻，国家就会灭亡。国家的安置，并不是指为它立好疆界，而是指实施哪种治国方法，将国家委任给谁。遵行王者的方法，交与实施王道的大臣来治理国家，也就可以称王于天下了；实施霸者的方法，交与实施霸道的大臣治理国家，也就可以称霸于诸侯了；实施使国家灭亡的方法，交与实施亡国之道的大臣去治理国家，国家也就会灭亡。这三种情况，是圣明的君主所要谨

慎选择的，也是讲究仁德的人所必须明白的。

原文

故国者，重任也，不以积持之则不立。故国者，世所以新者也，是惮；惮，非变也，改玉改行也。故一朝之日也，一日之人也，然而厌焉有千岁之国，何也？曰：援夫千岁之信法以持之也，安与夫千岁之信士为之也。人无百岁之寿，而有千岁之信士，何也？曰：以夫千岁之法自持者，是乃千岁之信士矣。故与积礼义之君子为之，则王；与端诚信全之士为之，则霸；与权谋倾覆之人为之，则亡。三者，明主之所以谨择也，而仁人之所以务白也。善择之者，制人；不善择之者，人制之。

译文

国家是个最为沉重的任务，如果不用长期积累的正确方法来治理它，就要垮掉。所以，国家虽然是用来更新世代的工具，但这种更替是平稳的，不是制度性的改变；这种更替，只是君臣上下地位的变化。日子如同一个早上那样短促，人生就像一天那样短暂，然而却有安然存在着历经上千年之久的国家，这是为什么呢？回答说：这是因为采用了沿用了千年的礼法来治理国家，而且是把国家

舜受禅让

上古时我国君主地位的继承施行禅让制，由于当时接受禅让的都是道德高尚的贤王，故『禅』有美好的事物互相演变继承之意。

交与信守礼法千年的人来管理它。人没有百年的寿命，为什么却会有信守千年真诚之士呢？回答说：用那些积累了上千年的礼法来约束自己的人，就是信守礼法千年之士了。所以，把国家交给长久奉行礼义的君子治理，就能够称王天下；把国家交给正直忠诚守信完美的人治理，就能称霸诸侯；把国家交给搞阴谋权术颠覆活动的人治理，就会导致灭亡。这三种情况，是圣明的君主之所以要谨慎选择的，也是讲究仁德的人所必须明白的。善于选择的，就能统治别人；不善于选择的，被别人统治。

原文

彼持国者，必不可以独也；然则强固荣辱在于取相矣。身能，相能，如是者王。身不能，知恐惧而求能者，如是者强。身不能，不知恐惧而求能者，安唯便僻左右亲比己者之用，如是者危削，綦之而亡。国者，巨用之则大，小用之则小；綦大而王，綦小而亡，小巨分流者存。巨用之者，先义而后利，安不恤亲疏，不恤贵贱，唯诚能之求，夫是之谓巨用之。小用之者，先利而后义，安不恤是非，不治曲直，唯便僻亲比己者之用，夫是之谓小用之。巨用之者若彼，小用之者若此；小巨分流者，亦一若彼、一若此也。故曰：『粹而王，驳而霸，无一焉而亡。』此之谓也。

译文

那些掌握了国家政权的君主，必定不能单独依靠自己的力量去治理国家；这样看来，国家的强大衰弱、光荣耻辱关键就在于选取辅佐之人了。君主有才能，辅佐的人也就有才能，像这样的君主就能称王天下。君主自己没有才能，但还知道畏惧而去寻觅有才能的人，像这样的君主也能够强大。自己没有才能，又不懂得畏惧而去寻求有才能的人，只是任用身边善于阿谀奉承的宠臣、亲近自己的人，像这样的国君必定就

会危险，达到极点就会灭亡了。国家，立足于大处去治理它就强大，只是注意那些细枝末节去治理它就会弱小；极其强大就能称王天下，极其弱小就会灭亡，介于小大之间的就能保存。所谓立足于大处去治理国家，就是先考虑道义然后再考虑利益，任用人不顾亲疏，不顾贵贱，只求寻找到真正有才能的人，这就叫做立足于大处去治理国家。所谓注意那些细枝末节去治理国家，就是先考虑利益然后考虑道义，不顾是非，不管曲直，只是任用善于阿谀奉承的宠臣和亲近自己的人，这就叫做注意那些细枝末节去治理国家。立足于大处去治理国家就像那样，注意那些细枝末节去治理国家就像这样；所谓介于两者之间的有的地方像前面那样，有的部分像后面那样。所以说：『完全立足于大处治国的就能称王天下，介于立足大处与注重细微末节之间的就能称霸诸侯，这两种情况一种也不具备的会遭到灭亡。』说的就是这个道理。

大雪

大雪纷飞，天地一片肃杀，如同国家有严正的礼法，匡复规矩，让百姓的行为有所凭依，国家才能昌盛。

原文

国无礼则不正。礼之所以正国也，譬之，犹衡之于轻重也，犹绳墨之于曲直也，犹规矩之于方圆也，正错之而人莫之能诬也。《诗》云：『如霜雪之将将，如日月之光明；为之则存，不为则亡。』此之谓也。

译文

国家没有礼制就不能治理好。礼制之所以能用来治理国家，就像用秤来衡量轻重，用墨线来规范曲直，用圆规、曲尺来确定方圆一样，已经把它们设置好了，以此来治理国家，就没有人能搞欺骗了。《诗经》中说：『像霜雪覆盖大地那样无情，像日月那样光明；实行礼义就能存在，不实行礼义就会丧命。』说的就是这个道理啊。

原文

国危则无乐君，国安则无忧民。乱则国危，治则国安。今君人者，急逐乐而缓治国，岂不过甚矣哉？譬之，是由好声色而恬无耳目也，岂不哀哉？夫人之情，目欲綦色，耳欲綦声，口欲綦味，鼻欲綦臭，心欲綦佚。此五綦者，人情之所必不免也。养五綦者有具，无其具，则五綦者不可得而致也。万乘之国可谓广大富厚矣，加有治辨强固之道焉，若是，则恬愉无患难矣，然后养五綦之具具也。故百乐者，生于治国者也；忧患者，生于乱国者也。急逐乐而缓治国者，非知乐者也。故明君者，必将先治其国，然后百乐得其中。暗君者，必将急逐乐而缓治国，故忧患不可胜校也，必至于身死国亡然后止也，岂不哀哉？将以为乐，乃得忧焉；将以为安，乃得危焉；将以为福，乃得死亡焉；岂不哀哉？於乎！君人者，亦可以察若言矣！

译文

国家危险就不会有安乐的君主，国家安定就不会有忧愁的君主。政事混乱，国家就会危险；政事处理得好，国家就会安定。当今统治人民的君主，急于追求享乐却把治理国家放在后面，难道不是大错特错了吗？这就好像是喜好声色却又惭愧得没有耳朵眼睛一样，难道不太可悲了吗？人之常情：眼睛希望看到最美丽

的颜色，耳朵希望听到最悦耳的音乐，嘴巴希望吃到最美味的佳肴，鼻子希望闻到最好的气味，心里追求最大的安逸。追求这五种极好的享受，是人之常情不可避免的。但造成这五种极好的享受需要有一定的条件，没有这些条件，那么这五种极好的享受就得不到了。拥有万辆兵车的国家，可以说是辽阔富裕的了，再有一套治理并使它强大巩固的办法，像这样，就可以安然快乐而没有祸患了。然后，满足于五种极好享受的条件就具备了。所以各种快乐的事情，产生于治理得好的国家；忧虑祸患，产生于混乱的国家。急于追求享乐而放松治国的人，并不是真正懂得安乐的人。所以圣明的君主，必定先要治理好自己的国家，然后各种快乐也就可以在国中享受到了。而昏庸愚昧的君主，必定要急于追求安乐而把治理国家放在后面，所以忧虑祸患就会数不胜数，一定要发展到身死国亡的地步才会停止，难道不太可悲了吗？想要得到欢乐，得到的却是忧愁；想要求得安定，得到的却是危险；想要求得幸福，从中得到的却是死亡；难道不是太可悲了吗？唉！统治人民的君主，也可以体察一下这些话了！

原文

故治国有道，人主有职。若夫贯日而治详，一日而曲列之，是所使夫百吏官人为也，不足以是伤游玩安燕之乐。若夫论一相以兼率之，使臣下百吏莫不宿道乡方而务，是夫人主之职也。若是，则一天下，名配尧、禹。人主者，守至约而详，事至佚而功，垂衣裳，不下簟席之上，而海内之人莫不愿得以为帝王。夫是之谓至约，乐莫大焉。

译文

所以治理国家有一定的方法，君主有一定的职责。至于将几天才能治理得周详完备的事情，在一天之

任贤图治

帝尧时，任用贤臣，使天下人都各得其所，各为其事，农人、百工、大臣都各安本分，则帝尧垂手而天下大治，正是『论德使能而官施之者，圣王之道也』所说之道。

内就周到地加以解决了，这是君主指派各级官吏去做的，这些事不会妨害君主的游玩安逸。至于选择一个辅佐的人去统率群臣百官，使臣下百官无不归于道义而向着正道努力，这才是君主的职责啊。如果这样，就可以统一天下，名声和尧、禹相配。这样的君主，掌管的事情是最简要的却又是最为周详的，所做的事情虽然是最为闲适的却也是最有成效的，衣裳休整下垂，不必从坐席之上走下来，而四海之内的人没有不希望以他为帝王。这叫做最大的简约，最大的快乐。

原文

人主者，以官人为能者也；匹夫者，以自能为能者也。人主得使人为之，匹夫则无所移之。百亩一守，事业穷，无所移之也。今以一人兼听天下，日有余而治不足者，使人为之也。大有天下，小有一国，必自为之然后可，则劳苦耗瘁莫甚焉；如是，则虽臧获不肯与天子易势业。以是县天下，一四海，何故必自为之？为之者，役夫之道也，墨子之说也。论德使能而官施之者，圣王之道也，儒之所谨守也。传曰：『农分田而耕，贾分货而贩，百工分事而劝，士大夫分职而听，建国诸侯之君分土而守，三公总方而议，则天子共己而已。』出若入若，天下莫不平均，莫不治辨，是百王之所同也，而礼法之大分也。

译文

君主以善于用人为有能力，平民百姓以自己能干为有能力。君主可以指使别人去办事，平民百姓却没有办法推卸责任。一百亩土地一个农夫来管理，土地经营不好，他无法推脱给别人。现在君主凭一个人的力量统管处理天下的事，每天尚有余暇而治理的事务没有出现过失，这是因为他指派别人去干的缘故。权力大而拥有整个天下，权力小而拥有一个诸侯国，如果所有的事情必须自己亲自去做才行的话，那么就没有比这更加辛劳艰苦的了；像这样，那么即使是奴婢也不肯和天子交换地位的了。由此来看，君主在上掌管天下，统一四海，为什么必定所有的事情都要自己去做呢？亲自去做各种事情，让君主像服劳役的人那样，是墨子的主张。选择有德行的人、使用有才能的人而将官职委任给他们，这是圣明帝王的办法，是儒家所必须谨慎遵循的。古书上说：『农民分田耕种，商人分货贩卖，工匠分行业勤勉努力地劳作，士大夫分职处理政事，各诸侯国的国君分封一定的领土去守卫，司空、司马、司徒归总全国的大政方针加以商议，那么君主只要拱着手就可以了。』朝廷内外都如此办理，天下就没有不公平的，就没有什么得不到治理的，这是历代圣王都用到的治国方针，这是礼法的总纲。

原文

百里之地可以取天下，是不虚，其难者在人主之知之也。取天下者，非负其土地而从之之谓也，道足以一人而已矣。彼其人苟一，则其土地且奚去我而适它？故百里之地，其等位爵服，足以容天下之贤士矣；其官职事业，足以容天下之能士矣；循其旧法，择其善者而明用之，足以顺服好利之人矣。贤士一焉，能士官

焉，好利之人服焉，三者具而天下尽，无有是其外矣。故百里之地，足以竭势矣；致忠信，箸仁义，足以竭人矣。两者合而天下取，诸侯后同者先危。《诗》曰：『自西自东，自南自北，无思不服。』一人之谓也。

译文

凭借方圆百里的领土就可以夺得天下，这并不是虚假的，它的难处在于君主要懂得凭借小国可以取得天下的道理。所谓取得天下，并不是指别的国家都带着他们的土地来顺从的意思，而是指你的治理国家的办法能够统一人心罢了。如果那个国家的人和我们统一了，那么他们的土地又怎么会离开我们去到别人掌中呢？所以尽管只是方圆百里的领土，但它的各个等级的爵位，足够容纳天下的贤德之士；它的各种官职事业，足够容纳天下有才能的人；遵循原有的法度，选择其中好的东西来明确地加以实施，足够用来使贪图财利的人顺服了。贤德之士统一在一起了，有才能的人被任用了，贪图财利的人顺服了，这三种情况都具备了，那么天下的人才就全都归我了，没有谁在这之外了。所以凭借方圆百里的土地，足够用来取得天下全部的权力地位；做到忠诚守信，提倡仁义，就足以征服天下所有的人了。权力地位和人心这两者结合在一起，那么就取得了整个天下了，诸侯中归附晚的就先有危险。《诗经》中说：『从西边到东边，从南边到北边，没有谁不顺服。』说的就是统一人心的道理啊。

原文

羿、蜂门[1]者，善服射者也；王良、造父者，善服驭者也；聪明君子者，善服人者也。人服而势从之，人不服而势去之，故王者已于服人矣。故人主欲得善射，射远中微，则莫若羿、蜂门矣；欲得善驭，及速致远，则莫若王良、造父矣；欲调一天下，制秦、楚，则莫若聪明君子矣。其用知甚简，其为事不劳而功名致

造父驾车

造父，是周穆王的车夫，传说他驯服了八匹神骏，并架着八骏拉的车带穆王巡游四方，甚至能驾车日驰千里。

大，甚易处而綦可乐也。故明君以为宝，而愚者以为难。

注释

①蜂门：又作逢蒙，后羿的徒弟。他也以善射著称，相传他曾偷袭后羿而未得手。

译文

后羿、逢蒙是善于射箭的人，王良、造父是善于驾车的人，聪明的君子善于使所有的人顺服。人们都敬佩服从他，那么权势也就随之而来了；人们不敬顺佩服，那么权势也就随之而去了；所以称王天下的君主做到使人顺服可以了。君主想要得到善于射箭的人，能够射中既远而又微小的目标，那就没有比羿、逢蒙更合适的了；君主想要得到善于驾车的人，能够很快跑到很远方的地方，那就没有比王良、造父更合适的了；想要治理统一天下的人，制服秦国、楚国这样的大国，那就没有比聪明的君子更合适的了。聪明的君子运用智慧很简约，办事情也不费力，但功绩名声却非常的大，非常容易安顿而且很乐观。所以圣明的君主把聪明的君子看作宝贝，但愚昧的君主却把他们看作可怕的人。

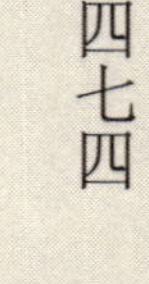

原文

夫贵为天子，富有天下，名为圣王，兼制人，人莫得而制也，是人情之所同欲也，而王者兼而有是者也。重色而衣之，重味而食之，重财物而制之，合天下而君之；饮食甚厚，声乐甚大，台谢甚高，园囿甚广，臣使诸侯，一天下，是又人情之所同欲也，而天子之礼制如是者也。制度以陈，政令以挟；官人失要则死，公侯失礼则幽，四方之国有侈离之德则必灭；名声若日月，功绩如天地，天下之人应之如影响，是又人情之所同欲也，而王者兼而有是者也。故人之情，口好味，而臭味莫美焉；耳好声，而声乐莫大焉；目好色，而文章致繁、妇女莫众焉；形体好佚，而安重闲静莫愉焉；心好利，而谷禄莫厚焉；合天下之所同愿兼而有之，皋牢天下而制之若制子孙，人苟不狂惑戆陋者，其谁能睹是而不乐也哉！欲是之主并肩而存，能建是之士不世绝，千岁而不合，何也？曰：人主不公，人臣不忠也。人主则外贤而偏举，人臣则争职而妒贤，是其所以不合之故也。人主胡不广焉、无恤亲疏、无偏贵贱、唯诚能之求？若是，则人臣轻职业让贤，而安随其后；如是，则舜、禹还至，王业还起。功一天下，名配舜、禹，物由有可乐如是其美焉者乎？呜呼！君人者亦可以察若言矣！杨朱哭衢涂，曰：『此夫过举跬步而觉跌千里者夫！』哀哭之。此亦荣辱、安危、存亡之衢已，此其为可哀，甚于衢涂。呜呼！哀哉！君人者千岁而不觉也。

译文

取得天子那样高贵的地位，富裕得拥有天下，被称为圣王，统治所有的人，而不被任何人所统治，这是人们心中所共同追求的，而称王天下的君主这一切全都具有。穿五颜六色的衣服，吃品种繁多的食物，把丰富的财富拿来用，使整个天下归自己统治；饮食非常丰富，声乐非常洪亮，台阁非常高大，园林兽苑

非常广阔，统治诸侯，统一天下，这又是人们心中所共同追求的，而天子的礼法制度正是这样。制度已经公布，政令已经完备；群臣百官违反了政令的规定就处以死刑，三公诸侯不守礼法就遭到了囚禁，四方的诸侯国如果有分裂的想法行为就必然灭亡；名声像日月一样光明，功绩像天地一样宏大，普天之下的人如影随形如回声应响一样地跟随他，这又是人们心中所共同追求的，而称王天下的君主这一切都具有。所以人的感情是，嘴巴喜欢吃美味的食物，而气味没有比王者吃到的更好的了；耳朵喜欢听悦耳的声音，而歌声乐曲没有比王者听到的更洪亮的了；眼睛喜欢看华丽的色彩和美女，而华丽的色彩和美女没有比王者看到的更多的了；身体喜欢安逸，而安稳闲静没有比王者享受到的更愉快的了；心里喜欢财利，而俸禄没有比王者得到的更丰厚的了；把天下所共有的愿望全都拥有，控制整个天下像控制自己的子孙一样，人如果不是疯子傻子，哪一个人看着这种局面不感到高兴呢？想要获得这一切的君主数不胜数，能够建立这种事业的贤人世世代代都没有断绝过，但近千年来这样的君主和贤人却没有遇合，这是为什么呢？回答说：是因为君主用人不公正，臣下对上不忠诚。君主排斥贤能的人而任用自己偏爱的人，臣子争权夺位而忌妒贤能的人，这就是他们不能遇合的缘故。君主为什么不广招人才，不去顾及亲疏，不避贵贱，只寻求真正有才能的人呢？如果能这样，那么臣子就会看轻职位而礼让贤能的人，自己安心地跟随在贤能之人的后面；如果这样，那么舜、禹那样的盛世就会重新到来，称王天下的大业又能建立起来了。取得统一天下的功绩，名声可以和舜、禹相配，事情如此地美好，还有比这更高兴的吗？唉！统治人民的君主应该认真考察这些话了！杨朱在十字路口哭着说：『在那错误之处跨出一步，而觉察时就已走错了千里的地方啊！』他为此而悲哀痛苦。任用人也是光荣或耻辱、安定或危险、生存或灭亡的十字路口啊，在这件事上的可悲，比在十字路口走错路更沉重。唉！可悲啊！统治人民的君主，竟然上千年也没有觉悟啊。

无国而不有治法，无国而不有乱法；无国而不有贤士，无国而不有罢士；无国而不有愿民，无国而不有悍民；无国而不有美俗，无国而不有恶俗；两者并行而国在，上偏而国安，在下偏而国危；上一而王，下一而亡，故其法治，其佐贤，其民愿，其俗美，而四者齐，夫是之谓上一。如是，则不战而胜，不攻而得，甲兵不劳而天下服。故汤以亳，武王以鄗，皆百里之地也，天下为一，诸侯为臣，通达之属，莫不从服，无它故焉，四者齐也。桀、纣即序于有天下之势，索为匹夫而不可得也，是无它故焉，四者并亡也，故百王之法不同，若是，所归者一也。

没有哪一个国家不存在使国家安定的法令制度，没有哪一个国家不存在导致国家动乱的法令制度；没有哪一个国家不存在贤能的士人，没有哪一个国家不存在品性差的士人；没有哪一个国家不存在朴实善良的百姓，没有哪一个国家不存在凶悍强暴的百姓；没有哪一个国家不存在美好的习俗，没有哪一个国家不存在恶劣的习俗；这两种情况同时存在，国家仍然可以保存；如果偏重于上一种情况的，国家就安定；如果偏重于下一种情况，国家就危险；前面四个方面都一一具备了，就可以称王天下了；后面四种情况都一一具备了，就会灭亡。如果国家的法令制度是使国家安定的法律制度，它的辅佐大臣是贤能的，它的人民是朴实善良的，它的习俗是美好的，这四个方面都齐备了，那就叫做前面的几个方面一一具备了。像这样，那么就可以不战而胜，不攻而得，可以不劳累军队而使天下顺从了。商汤凭借亳，周武王凭借鄗，都不过

是方圆百里的领土，而使天下统一，使诸侯称臣，凡能到达的地方，没有不服从的，这没有别的缘故，而是因为上述四个方面都齐备了。夏桀、商纣拥有天下最大的权势，但到最后想要做个普通老百姓也办不到，这没有别的缘故，而是因为上述四个方面全都丧失了。历代君主的治国方法尽管不同，如果照上述情况看来，道理归结起来还是一样的。

原文

上莫不致爱其下，而制之以礼；上之于下，如保赤子。政令制度，所以接下之人百姓；有不理者如豪末，则虽孤独鳏寡必不加焉。故下之亲上欢如父母，可杀而不可使不顺。君臣上下，贵贱长幼，至于庶人，莫不以是为隆正，然后皆内自省以谨于分，是百王之所以同也，而礼法之枢要也。然后农分田而耕，贾分货而贩，百工分事而劝，士大夫分职而听，建国诸侯之君分土而守，三公总方而议，则天子共己而止矣。出若入若，天下莫不平均，莫不治辨，是百王之所同，而礼法之大分也。

译文

君主没有不尽力爱护自己的百姓的，因而用礼制来治理他们；君主对于百姓，就像爱护初生的婴儿一样。政令制度，是用来对待下面百姓的；如果它有丝毫不合理的地方，那么即使是对鳏寡孤独，也必定不会加在他们的头上。所以百姓亲近君主如同喜欢自己的父母一样，宁可被杀死也不能使他们不顺从君主。君主、臣子、上级、下级，高贵的、卑贱的、年长的、年幼的，直到普通百姓，没有谁不把礼制当成是最高标准的，然后又都从内心深处检查自己而谨慎地守着自己的本分，这是历代圣王相同的政治措施，也是礼制法度的关键。这些做到以后，农民分田耕种，商人分货贩卖，各种工匠分行业勤勉地劳作，士大夫分

召公

召公乃文王之子，武王之弟，他曾辅佐武王灭商自立。圣王任用贤臣，则『垂衣裳而天下定』。

职务去处理政事，诸侯国的国君分疆土去守卫，三公归总全国的大政方针加以讨论，那么天子只要让自己拱着手就可以了。朝廷内外都如此处置，天下就没有不平均的，就没有得不到治理的，这是历代圣王所共同的政治原则，也是礼制法度的总纲。

原文

若夫贯日而治平，权物而称用，使衣服有制、宫室有度、人徒有数、丧祭械用皆有等宜，以是用挟于万物，尺、寸、寻、丈，莫得不循乎制度数量然后行，则是官人使吏之事也，不足数于大君子之前。故君人者，立隆政本朝而当，所使要百事者诚仁人也，则身佚而国治，功大而名美，上可以王，下可以霸；立隆正本朝而不当，所使要百事者非仁人也，则身劳而国乱，功废而名辱，社稷必危；是人君者之枢机者也。故能当一人而天下取，失当一人而社稷危。不能当一人而能当千人、百人者，说无之有也。既能当一人，则身有何劳而为？垂衣裳而天下定。故汤用伊尹，文王用吕尚，武王用召公，成王用周公旦。卑者五伯，齐桓公闺门之内，县乐、奢泰、游抏之修，于天下不见谓修，然九合诸侯，一匡天下，为五伯长，是亦无他故焉，知一政于管仲也，是君人者之要守也。知者易为之，兴力而功名綦大，舍是而孰足为也？故古之人，有大功名者，必道是者也；丧其国、危其身者，必反是者也。故孔子曰：『知者之知，固以多矣，有以守少，能无察乎？愚者之知，固以少矣，有以守多，能无狂乎？』此之谓也。

译文

至于连续详尽地处理各种政事，合理地调节万物来使它们得到恰当的使用，使各级官吏穿的衣服有一定的规格，住的宫室有一定的标准，仆役有一定的数量，丧葬祭祀器械用具都符合等级规定，并且把这种做法贯彻到各种事情中，像尺、寸、寻、丈等标准一样，没有不是遵循了法度数量的规定然后才加以施行的，这些都是政府官吏所做的事情，不值得在德才完备的君主面前数说。所以统治人民的君主，在于为国家确定最高的标准，如果为本朝所确立的最高准则完全恰当，所任用的人是真正有德才的人，那么他就会使自身安逸而国家安定，功绩伟大而名声美好，上等的可以称王天下，下等的也可以称霸诸侯；如果为本朝所确立的最高准则不恰当，所任用的人不是真正有德才之人，那么他就会自身劳累而国家混乱，功业毁弃而名声受损，国家必定会危险；任用人是当君主的关键啊。所以，能恰当地任用一个人，那么天下就能安定；不能恰当地任用一个人，那么国家就会危险。不能恰当地任用一个人而能恰当地任用千百人，从来没有这种说法。既然能恰当地任用一个人，那么君主还有什么可以劳累的呢？只要整理好衣服天下就可以安定了。所以商汤任用伊尹，周文王任用吕尚，周武王任用召公，周成王任用周公。次一些的五霸，齐桓公在宫门之内悬挂乐器，尽情地奢侈放纵，游荡玩乐，但天下却没有人认为他在追求享乐，相反他却多次会盟了诸侯，使天下归于一致而恢复了正道，成为五霸中的首领，这也没有别的缘故，只是因为他懂得把政事全部交给管仲，这就是当君主最重要的职责啊。有智慧的君主很容易任用恰当的人并使他们出力，取得强大的实力而名望极大，除此以外，君主还有什么值得去做的呢？所以古代的人，凡是有伟大的功业名望的人，必定是遵行了这一点的；凡是丧失了自己的国家，危害到他本人的人，必定是违反了这一点的。所以孔子说：『有智慧的人智慧本来就丰富，又因为自己所负责的具体事物少，能不明察吗？蠢人的智慧本来就少，又因为他所负责的具体事物多，能不惑乱吗？』说的就是这个道理。

原文

治国者，分已定，则主相臣下百吏各谨其所闻，不务听其所不闻；各谨其所见，不务视其所不见。所闻所见，诚以齐矣，则虽幽闲隐辟，百姓莫敢不敬分安制以礼化其上，是治国之征也。

译文

治理得好的国家，等级名分已经确定，那么君主和官吏们各自谨守自己所听到的，不去追求自己所没有听到的；各自谨守自己所看到的，不去追求自己所没有看到的。君主官吏所看到所听到的事情，都能真正地名分一致了，那么即使是那些幽远闭塞地方的百姓，也没有敢不安于严守本分，遵守制度，按照礼法来顺服他们的君主，这就是治理得好的国家的征兆。

原文

主道：治近不治远，治明不治幽，治一不治二。主能治近，则远者理；主能治明，则幽者化；主能当一，则百事正。夫兼听天下，日有余而治不足者如此也，是治之极也。既能治近，又务治远；既能治明，又务见幽；既能当一，又务正百，是过者也，犹不及也，辟之是犹立直木而求其景之枉也。不能治近，又务治远；

不能察明，又务见幽；不能当一，又务正百，是悖者也，辟之，是犹立枉木而求其景之直也。故明主好要，而暗主好详。主好要，则百事详；主好详，则百事荒。君者，论一相、陈一法、明一指，以兼复之、兼炤之，以观其盛者也。相者，论列百官之长，要百事之听，以饰朝廷臣下百吏之分，度其功劳，论其庆赏，岁终奉其成功以效于君，当则可，不当则废。故君人劳于索之，而休于使之。

译文

君主治理国家的办法：治理身边的事而不去治理远方的事，治理明显的事而不去治理不明显的事，治理主要的事而不去治理各种烦琐的小事。君主能够治理好身边的事，那么远方的事自然就会得到治理；君主能够治理好明显的事，那么不明显的事就会自然随之而变化；君主能恰当地治理好主要的大事，那么各种烦琐的小事就会因此而得到正确的处理。同时处理全天下的事务，而每天的时间还有余暇，需要治理的事少，像这样，就是治理国家的最高境界了。既能治理身边的事，又力求治理远方的事；既能治理明显的事，又力求洞察治理不明显的事；既能恰当地治理好主要的大事，又力求治理好各种烦琐的小事，这是太过分的要求，过分就如同达不到一样，就好像是树起笔直的木头而要求它的影子是弯曲的一样。不能够治理好身边的事，又力求治理好远处的事；不能够明察明显的事，又力求洞察不明显的事；不能恰当地治理好主要的大事，又力求治理好各种烦琐的小事：这是荒谬的做法，这就好像是树起弯曲的木头而要求它的影子是笔直的一样。所以圣明的君主喜欢抓住要点，而昏庸的君主喜欢周详地管理每件小事。君主喜欢抓住要点，结果是一切事情都办得周详；君主喜欢管得周详，结果是一切事情都荒废。君主，只需选择一个宰相，公布一套法制，明确一个主要的原则，用这种手段来统率一切，洞察一切，并以此来显示自己的成功。宰相，是负责选拔安

后苑观麦

宋仁宗留意农事，宫中后苑有空地，都让人种上麦子，他对大臣说：『朕作此殿，不欲植花卉而岁以种麦，庶知稼穑之不易也。』宋仁宗以天之至尊如此重视农事，可以称为一个『明君』。

排各部门的长官，总管各种事情的治理，整顿规范朝廷大臣和各级官吏的职分等级，考核他们的功劳，论定对他们的奖赏，年终时拿出他们的成绩呈报给君主，他们当中称职的就留用，不称职的就罢免。所以，君主的辛苦在于寻觅贤相，在使用贤相以后就安逸了。

原文

用国者，得百姓之力者富，得百姓之死者强，得百姓之誉者荣。三得者具而天下归之，三得者亡而天下去之。天下归之之谓王，天下去之之谓亡。汤、武者，循其道，行其义，兴天下同利，除天下同害，天下归之。故厚德音以先之，明礼义以道之，致忠信以爱之，赏贤使能以次之，爵服赏庆以申重之，时其事、轻其任以调齐之，潢然兼复之，养长之，如保赤子。生民则致宽，使民则綦理。辩政令制度，所以接天下之人百姓；有非理者如豪末，则虽孤独鳏寡必不加焉。是故百姓贵之如帝，亲之如父母，为之出死断亡而不愉者，无它故焉，道德诚明，利泽诚厚也。

译文

治理国家的君主，得到百姓为他卖力的就富足，得到百姓为他拼死作战的就强大，得到百姓颂扬他的就有名望。这三者都具备了，那么天下人就会归顺他；这三者都不具备，那么天下人就会叛离他。天下人都归顺他的叫做称王天下，天下人都叛离他的叫做灭亡。商汤、周武王等人，遵循他们的治国原则，施行他们的礼义，兴办对天下人都有利的事情，除掉对天下人都有害的事，因而天下人都归顺他们。所以，君主重视提高道德声誉来引导臣民，彰明礼制道义来开导臣民，尽力做到忠诚守信来爱护臣民，尊崇贤人、任用能人来安排职位，用爵位、服饰、赏赐、表扬去反复激励臣民，根据时节安排臣民的事务，减轻他们的负担来调剂臣民，广泛普遍地庇护他们，养育他们，如同养护初生的婴儿一样。养育臣民极其宽容，使用百姓则极其合理。制定政令制度，是用来对待下面的老百姓的；丝毫不合理的地方，即使是对待鳏寡孤独，也一定不加到他们头上。所以，百姓敬重这种君主就好像是敬重天帝一样，亲近他就好像是亲近自己的父母一样，为他不怕死亡，不苟且偷生，这没有别的缘故，而是因为君主的道德真正的贤明，君主的恩泽真正的深厚啊。

原文

乱世不然。污漫突盗以先之，权谋倾覆以示之，俳优、侏儒、妇女之请谒以悖之，使愚诏知，使不肖临贤，生民则致贫隘，使民则綦劳苦。是故百姓贱之如偃，恶之如鬼，日欲司间而相与投藉之，去逐之。卒有寇难之事，又望百姓之为己死，不可得也。说无以取之焉。孔子曰：『审吾所以适人，适人之所以来我也。』此之谓也。

译文

混乱国家的君主就不是这样。君主以污秽卑鄙、强取豪夺的行为来引导他的臣民，用玩弄权术阴谋、搞倾轧陷害之人来作为臣民的示范，让倡优、侏儒、女人的请托来迷惑臣民，让愚蠢的人去教诲有智慧的人，

十侍乱政

东汉桓帝宠信侍从，任用奸党，巧取豪夺，致使百姓困苦，天下大乱，最终为后世引来亡国之灾。可见『以小人尚民而威，以非所取于民而巧』的确是『伤国之大灾』。

让品性恶劣的人凌驾于有德才的人之上。他们养育百姓却使得百姓更加的贫穷困厄，驱使百姓则使百姓极其疲劳辛苦。因此百姓鄙视他就好像是鄙视残疾人一样，厌恶他就好像是厌恶鬼魅一样。每天都在寻找机会要共同抛弃这样的君主，要背离、驱逐这样的君主。突然遇到了外敌入侵的危难之事的时候，这样的君主还希望百姓为他卖命，这是不可能办到的啊。上述治理国家的方法，毫无可取之处。孔子说：『想弄清楚别人对我怎样，只要看自己如何对待别人。』说的就是这个道理。

原文

伤国者何也？曰：以小人尚民而威，以非所取于民而巧，是伤国之大灾也。大国之主也，而好见小利，是伤国；其于声色、台榭、园囿也，愈厌而好新，是伤国；不好循正其所以有，啖啖常欲人之有，是伤国。三邪者在匈中，而又好以权谋倾覆之人断事其外，若是，则权轻名辱，社稷必危，是伤国者也。大国之主也，不隆本行，不敬旧法，而好诈故，若是，则夫朝廷群臣亦从而成俗于不隆礼义而好倾覆也。朝廷群臣之俗若是，则夫众庶百姓亦从而成俗于不隆礼义而好贪利矣。君臣上下之俗莫不若是，则地虽广，权必轻；人虽众，兵必弱；刑罚虽繁，令不下通；夫是之谓危国，是伤国者也。

译文

危害国家的是什么呢？回答说：使小人骑在百姓头上作威作福，用非法的手段巧妙地欺诈搜刮百姓，这是危害国家的大灾祸。身为一个大国的君主，却喜欢蝇头小利，这就会危害国家；他对于音乐、美色、高台亭阁、园林兽苑，越是满足却越是追求新奇，这就会危害国家；不好好治理自己所已经拥有的土地财富，却总是贪婪地想着他人所拥有的，这就会危害国家。这三种邪恶的念头在心中，而又喜欢任用那些搞权术阴谋、倾轧陷害之人来处理政务，像这样，那么君主的权势就会轻微，声名就会败坏，国家政权必然会危险，这是危害国家的君主啊。身为一个大国的君主，却不崇尚德行，不谨守原有的礼法制度，而喜欢搞欺诈，像这样，那么朝廷上的臣子们也就跟着养成一种不尊崇礼义而热衷于搞倾轧陷害的风气。朝廷上群臣的风气如此，那么群众百姓也就跟着养成一种不崇尚礼义而热衷于贪图财利的风气了。君臣上下的风气如果都是这样，那么土地即使辽阔宽广，权势也必定会轻微；人口即使众多，兵力也必定会衰弱；刑罚即使繁多，政令也不能下达。这就叫做危险的国家，这是危害国家的君主啊。

原文

儒者为之不然，必将曲辨。朝廷必将隆礼义而审贵贱，若是，则士大夫莫不敬节死制者矣。百官则将齐其制度，重其官秩，若是，则百吏莫不畏法而遵绳矣。关市几而不征，质律禁止而不偏，如是，则商贾莫不敦悫而无诈矣。百工将时斩代，佻其期日而利其巧任，如是，则百工莫不忠信而不楛矣。县鄙将轻田野之税，省刀布之敛，罕举力役，无夺农时，如是，则农夫莫不朴力而寡能矣。士大夫务节死制，然而兵劲。百吏畏

法循绳，然后国常不乱。商贾敦悫无诈，则商旅安，货通财，而国求给矣。百工忠信而不楛，则器用巧便而财不匮矣。农夫朴力而寡能，则上不失天时，下不失地利，中得人和，而百事不废。是之谓政令行，风俗美。以守则固，以征则强；居则有名，动则有功。此儒之所谓曲辨也。

译文

儒者的做法就不是这样的，他们一定要周到地治理国家。在朝廷中一定要崇尚礼义而明确贵贱等级，像这样，那么士大夫就没有不看重节操，死守职责的了。各级官吏就将遵守统一的管理制度，十分注重他们的官职俸禄，像这样，那么群臣百官就没有不畏惧法律遵守法制的了。对于关卡和集市只稽查坏人而不征收赋税。平定物价的文书禁止投机而不偏听一面之词，像这样，那么商人就无不忠厚老实而没有欺诈了。对于各种工匠将要求他们按照时节砍伐木材，放宽对他们的限期以发挥他们巧妙的才能，像这样，那么各种工匠就无不忠诚信实而不粗制滥造了。在农村，将减轻对农田的赋税，减少货币的聚敛，少兴劳役，不侵占农时，像这样，那么农民就无不专心致志地耕种而很少从事其他的技能了。士大夫重视名节而殉身于礼制，这样兵力就会强劲。群臣百官畏惧法制而遵守法度，这样国家的基本法律制度就不会混乱。商人忠厚老实而没有欺诈，那么流动的商贩就安全保险，货物钱财就能流通，而国家的各种需求就能得到供应了。各种工匠忠诚老实而不粗制滥造，那么器械用具就做得精巧便利而材料也不会匮乏了。农民专心致志地劳作而没有从事其他行业，那么就会上不失天时，下不失地利，中能得到人和，于是一切事情都不会荒废。这些情况叫做政令通行，风俗美好。凭借这种政治局面来保卫自己，防守就会非常牢固；攻打别的国家，攻势就会非常强劲有力；安居无事就会有名望，采取行动就会有功绩。这就是儒家所说的周全详尽的治理啊。

梦赍良弼

商高宗曾经遍寻天下找寻贤臣傅说，后来高宗得傅说辅佐，才使百姓安泰，国家昌盛，高宗与傅说也都在历史上留下美名，即为『急得其人，则身佚而国治，功大而名美』。

君道

原文

有乱君，无乱国；有治人，无治法。羿之法非亡也，而羿不世中；禹之法犹存，而夏不世王。故法不能独立，类不能自行；得其人则存，失其人则亡。法者，治之端也；君子者，法之原也。故有君子，则法虽省，足以遍矣；无君子，则法虽具，失先后之施，不能应事之变，足以乱矣。不知法之义而正法之数者，虽博，临事必乱。故明主急得其人，而暗主急得其势。急得其人，则身佚而国治，功大而名美，上可以王，下可以霸；不急得其人，而急得其势，则身劳而国乱，功废而名辱，社稷必危。故君人者，劳于索之，而休于使之。《书》曰：『惟文王敬忌，一人以择。』此之谓也。

译文

有搞乱国家的君主，没有本来就混乱的国家；有使国家安定的人才，没有自行使国家安定的法制。后羿射箭的方法并没有亡佚，但后羿这样的人并不是世世代代都有的；大禹的法制仍然存在，但夏朝不能世世代代相传称王天下。所以法制不可能自行有所建树，制度不可能自行实行；得到善于治理国家的人才，那么法制就能存在；失去治理国家的合适的人才，那么法制也就灭亡了。法制是治理国家的根本，君子又是法制的本原。所以有了君子，即使法令简略，也足以治理国家；如果没有君子，即使法律完备，但实施的先后次序颠倒，不能适应事情的各种变化，足够使天下混乱。不懂得法治的道理却要去确定法的条文，即使条文了解得很多，遇事必定会出现混乱。所以圣明的君主急于得到治国的人才，而愚昧的君主急于得到的是权势。急于得到治国人才的君主，就会使自身安逸而国家安定，功绩伟大而名声美好，上等的可以称王天下，下等的可以称霸诸侯；不急于得到治国人才，而急于得到权势的君主，只会使自身劳累而国家混乱，功业废弛而声名狼藉，国家政权必然危险。所以统治百姓的君主，在寻觅人才时劳苦，而使用人才时就闲适了。《尚书》中说：『要想想文王的恭敬谨慎，亲自去选择人才。』说的就是这个道理啊。

原文

合符节、别契券者，所以为信也；上好权谋，则臣下百吏诞诈之人乘是而后欺。探筹、投钩者，所以为公也；上好曲私，则臣下百吏乘是而后偏。衡石称县者，所以为平也；上好倾覆，则臣下百吏乘是而后险。斗斛敦概者，所以为啧也；上好贪利，则臣下百吏乘是而后鄙，丰取刻与，以无度取于民。故械数者，治之流也，非治之原也；君子者，治之原也。官人守数，君子养原；原清则流清，原浊则流浊。故上好礼义，尚贤使能，无贪利之心，则下亦将綦辞让，致忠信，而谨于臣子矣。如是，则虽在小民，不待合符节、别契券而信，不待探筹、投钩而公，不待衡石称县而平，不待斗斛敦概而啧。故赏不用而民劝，罚不用而民服，有司不劳而事治，政令不烦而俗美；百姓莫敢不顺上之法、象上之志而劝上之事，而安乐之矣。故藉敛忘费，事业忘劳，寇难忘死；城郭不待饰而固，兵刃不待陵而劲，敌国不待服而诎，四海之民不待令而一。夫是之谓至平。《诗》曰：『王犹允塞，徐方既来。』此之谓也。

对合符节，分辨契券，都是用来讲求信用的；但如果君主喜欢玩弄阴谋权术，那么大臣百官和搞谎言欺诈的人就会乘机欺诈。抽签、抓阄，是用来讲求公正的；但如果君主喜欢偏私，那么大臣百官就会乘机跟着偏私。用衡器来称量，是用来讲求公平的；但如果君主喜欢颠倒是非，那么大臣百官就会乘机跟着邪恶不正。各种量具，是用来讲求统一平等的；但如果君主热衷于贪图财利，那么大臣百官就会乘机跟着去多取少给，毫无限度地去搜刮百姓。所以，关于各种度量器具的规定，仅仅是治理国家的支流，并不是治理国家的根本；君主才是治理国家的源头。官吏是掌握支流的，而君主则掌握根本的。源头清澈，那么支流就会清澈；源头混浊，那么支流也就随之混浊。所以君主如果崇尚礼义，尊重贤德的人、使用有才能的人，没有贪图财利的想法，那么臣下也就会尽量地推辞谦让，就会最讲究忠诚信实，而谨慎地做到一个臣子的本分。像这样，即使是在卑微的百姓之中，也不必等待对合符节、辨认契券就可以做到有信用了，不等抽签、抓阄就能做到公正，不用衡器来称量就能做到公平，不需要各种称量器具就可以做到标准统一。所以，不用奖赏而百姓也会勤勉，不用刑罚而百姓就能服从，各级官吏无需劳累而事物就能处理得非常好，政策法令不繁多而习俗就能美好；百姓没有谁敢不顺从君主的法令，没有谁敢不按照君主的意志而为君主勤勉地完成事务的，而且对此感到安乐。所以，百姓在缴纳赋税时不觉得是过分的负担，为国家承担事务时忘记了疲劳，在外敌入侵的危难中能够舍生取义，发动战争时能拼死作战；城墙不等修整就坚固，兵刃不用磨砺就锋利，敌国不等去征服就屈从，天下的百姓不需要命令行动就是统一的。这叫做天下最安定。《诗经》

中说：『王道遍布天下，远方异族也会来归顺。』说的就是这种情形啊。

原文

请问为人君？曰：以礼分施，均遍而不偏。请问为人臣？曰：以礼待君，忠顺而不懈。请问为人父？曰：宽惠而有礼。请问为人子？曰：敬爱而致文。请问为人兄？曰：慈爱而见友 。请问为人弟？曰：敬诎而不苟。请问为人夫？曰：致功而不流，致临而有辨。请问为人妻？曰：夫有礼则柔从听侍，夫无礼则恐惧而自竦也。此道也，偏立而乱，俱立而治，其足以稽矣。请问兼能之奈何？曰：审之礼也。古者先王审礼以方皇周浃于天下，动无不当也。故君子恭而不难，敬而不巩，贫穷而不约，富贵而不骄，并遇变态而不穷，审之礼也。故君子之于礼，敬而安之；其于事也，径而不失；其于人也，寡怨宽裕而无阿；其所为身也，谨修饰而不危；其应变故也，齐给便捷而不惑；其于天地万物也，不务说其所以然而致善用其材；其于百官之事、技艺之人也，不与之争能而致善用其功；其待上也，忠顺而不懈；其使下也，均遍而不偏；其交游也，缘义而有类；其居乡里也，容而不乱。是故穷则必有名，达则必有功；仁厚兼覆天下而不闵，明达用天地、理万变而不疑；血气和平，志意广大，行义塞于天地之间，仁知之极也。夫是之谓圣人，审之礼也。

译文

请问怎样做君主呢？回答说：按照礼义去治理国家，公平而不偏私。请问怎样做臣子呢？回答说：按照礼义去对待君主，忠诚顺从而不懈怠。请问怎样做父亲呢？回答说：要宽厚仁爱而有礼节。请问怎样做儿子呢？回答说：敬爱父母而又非常恭顺。请问怎样做哥哥呢？回答说：仁慈地爱护弟弟而又表现出友好。请问怎样做弟弟呢？回答说：恭敬顺从而从不马虎。请问怎样做丈夫呢？回答说：要尽力取得功业而不放

荡淫乱，尽力和妻子亲近而又有一定的界限。请问怎样做妻子呢？回答说：丈夫遵行礼义就温柔和顺地侍奉丈夫，丈夫不遵行礼义就感觉恐惧而自知警惕。这些原则，只做到某些方面，国家仍然会混乱；如果全部都做到了，那国家就会安定；这是已经被充分证实了的。请问要全部做到这些该怎么办呢？回答说：必须透彻地了解礼义。古代圣王透彻地了解了礼义而普遍地推行于天下，行动没有不妥当的地方了。所以君子谦恭但不胆怯，肃敬但不惶恐，贫穷却不卑躬屈膝，富贵却不骄横霸道，同时遇到各种事变，也能够应对自如而并非束手无策，这都是因为透彻地了解了礼义的缘故。所以君子对于礼义，恭敬而自觉地遵守它；他对于事务，做起来直截了当而不会出差错；他对于别人，很少怨恨、宽宏大量而又不阿谀逢迎；他做人的原则，是谨慎地加强修养而不违反礼义；他应付各种事变，迅速敏捷而不迷惑；他对于天地万物，不致力于去解释它们形成的原因而能够最好地利用它们的物产；他对于官府中的各级官吏和有技艺的人才，不和他们竞争才能的高下而能够很好地利用这些人的成就；他侍奉君主，忠诚顺从而不懈怠；他使用下属，公平而不偏私；他和人交往，依据志同道合的原则并做到有礼义；他住在乡间，待人宽容而不过分。所以君子即使处境穷困时也一定会享有声望，显达时就必定会建立功勋；他的仁爱宽厚之德普照天下而没有止境，他明智通达地处理天地万物、处理各种事变而不疑惑；他心平气和，胸怀开阔，德行道义布满天地之间，仁德智慧达到了顶点。这就叫做圣人对礼义透彻了解了。